6か月未満の発達

ここは
おさえたい **5**つのポイント

1 首すわりからはらばい、前進しようとする

生後3か月くらいで首がすわり始めると、仰向けのまま少し首を左右に動かすことができるようになり、うつ伏せにすると自分で頭を少し持ち上げることもできます。5か月前後で寝返りをうてるようになり、うつ伏せの姿勢で胸を上げ、両腕で体を支えるようなポーズがとれます。

2 注視から追視へ。興味のある物に手を伸ばす

新生児は目の前の物に視線を合わせる「注視」ですが、生後1か月くらいから、動く物を目で追う「追視」を始めます。いつも握っていた手も開くようになって、手に触れた物を握ったり、差し出されたおもちゃも自分から握ったりします。音や声にも反応し、その方向に顔を向けます。

3 あやすと笑うなど人との関わりで反応する

大人の口の動きをじっと見て真似をする、あやすと笑うなど、人と関わることへの反応を示します。そばにあるおもちゃに手を出し、それを握って口に入れたり眺めたりもするように。自分の握りこぶしを口に入れる、指を吸うなど、手を使うことに興味が出てきます。

4 喃語が始まり、笑いかけるように

生後1〜2か月頃から「アー」「ウー」などの喃語が出始め、徐々に自分から笑いかけたり呼びかけるような声を出したりするようになります。最初は母音が多いですが、「バー」などの子音も発するようになり、特定の人の語りかけにも反応するようになります。

5 食事や排泄、睡眠など生活リズムが徐々にできてくる

生後2か月頃になると夜の睡眠が長くなり、昼夜の区別が徐々についてきます。3か月頃には、朝、昼、晩のリズムで授乳、遊び、睡眠ができるようになってきますが、タイミングや必要量は個人差が大きいでしょう。授乳量も増え、5か月頃には授乳間隔が4時間くらいになります。

6か月〜1歳3か月未満の発達 ここはおさえたい 5つのポイント

1 ずりばい、よつばいから一人立ち、歩行へ

5〜6か月を過ぎると寝返りをし始めて、大人が支えると、おすわりができるようになります。7か月頃にはずりばいが、9か月頃で腰を持ち上げた状態のよつばい、10か月頃でつかまり立ちができるように。そこから徐々に一人立ち、一人歩きへと発達していきます。

2 人見知りや後追い、いやいやをする

親しい人とそうでない人の区別がつくようになり、知らない人を見て泣くなどの人見知りや、大好きな人がいなくなることを嫌がる後追いが始まります。不快の感情が怒りや嫌悪、恐れに分かれ、嫌なことには首を振るなどして表現します。他者の喜怒哀楽も分かるようになってきます。

3 大人の言葉を理解し始めるようになる

　大人が「ワンワンよ」と言って指をさすとその方向を見たり、「ご飯よ」「お散歩に行くよ」という言葉が理解できたりします。「マンマンマン」など音の反復や、1歳前後では「ママ」など意味のある言葉を発します。自分が知っている物を指さし、言葉で知らせる姿も見られます。

4 排泄の感覚が子どもなりに分かる

　離乳食が始まり、便が固まって色も茶色になります。膀胱に尿がたまった感覚が分かるようになり、泣いて知らせたり、立っていると立ち止まって排尿したりすることも。また、排便の際にはいきむこともあります。タイミングよくトイレに行くと、偶然排泄できることもあります。

5 離乳食が1日3回になり好き嫌いが出てくる

　5〜6か月頃からは離乳食も始まり、1日3回の食事と授乳が定着してきます。食欲には個人差があり、食べる量や好き嫌いなど個性が表れます。1歳頃からは手づかみをして自分で食べるようになり、スプーンやフォークを使ったり、コップでお茶を飲んだりもできるように。

1歳3か月〜2歳未満の発達 ここはおさえたい5つのポイント

1 一人歩きが安定し、全身の運動機能が伸びる

安定した一人歩きや小走りができるようになり、階段をハイハイで上り下りすることも可能になります。低い段差から跳びおりたり、フープをくぐったり、布団でつくった山を登り降りしたりなど全身運動の幅が広がります。歩行が安定するので、散歩がより楽しく充実する時期です。

2 物の名前を覚え、理解して、発語する

自分の名前、「ワンワン（犬）」「ブーブー（車）」などの名前が分かるようになり、指をさしながら発語し、いろいろな絵の中から聞かれた物を見付けることができるようになります。2歳前後では二語文が出てきて、「ワンワンいた」「パパかいしゃ」などと話すようになります。

3 自我がめばえ、自己主張が強くなる

　自我がめばえ、自己主張をするようになり、思いが通らないと泣いて怒ることがあります。何でも「自分で」とやりたがり、大人が手伝おうとするのを嫌がることも。自分の思いを言葉で伝えることがうまくできないため、思いが通らず友達にかみついてしまうこともあります。

4 周囲の人の行動をよく見て模倣しようとする

　大人や友達のしていることをよく見ていて、真似をすることが盛んになり、何でも同じようにやりたがります。簡単なごっこ遊びや大人のしていることの模倣遊びを好んで行うように。自分の物に執着、独占したがるのでおもちゃを一人でいくつも持つ姿も見られます。

5 生活習慣の基本的な動作を自分でしようとし始める

　離乳食がほぼ終わり、幼児食を食べるようになります。スプーンを使って食べる、「チッチ出た」と伝える、服や靴の着脱など、身の回りのことを自分でしようとし、完璧にはできないながらも最後までやろうとする姿が見られます。手洗いやうがいなども少しずつできるように。

2歳の発達

ここはおさえたい 5つのポイント

1 歩く、走る、跳ぶなど全身運動の幅が広がる

走り方も安定し、鬼ごっこやしっぽ取りなどが楽しめるようになります。三輪車にまたがって地面を蹴りながら進む、階段を立って上り下りする、ケンパで前進するなどもできるようになります。園庭や固定遊具での遊びや、ごく簡単なサーキット遊びなども楽しい時期です。

2 二語文が多様化し、質問も出てくる

「お庭で遊ぼう」など大人からの語りかけが分かるようになり、「○○ちゃん、〜したい」と自分の名前を入れて要求したり、「おなかすいた。○○ちょうだい」と言ったり、二語文が多様化します。2歳後半になると「これなあに?」や「なんで?」などの質問も出てきます。

3 友達に興味が出てきて、見立て遊びが盛んに

友達の存在を意識し、友達の名前を呼んだり、友達と遊んでいるように見えながらも、関わりを持たずに一人一人の世界で遊ぶ平行遊びをしたりするようになります。好きなキャラクターになったつもり、段ボール箱をバスに見立てるなどの遊びが盛んになってきます。

4 「自分で！（やりたい）」と自己主張する

着脱を手伝おうとすると、それに応じた動きをしますが、一人でも着ることができるようになってきます。ボタンやスナップが留められるようになり、柄や目印を見つけて服の前後や裏表が分かるように。「見ててね」とできるところを、盛んに見てもらいたがることも多くなります。

5 トイレに誘うと排尿することがある

膀胱が発達して尿をためておけるようになり、午睡明けにオムツが濡れていないことも多くなります。「おしっこをしたい」と感じるようになり、「チッチ」と予告したり、オムツに排尿してから「チッチ出た」と報告したり、トイレまで我慢できたりするようになります。

3歳の発達

ここはおさえたい **5**つのポイント

1 運動機能が発達し、動きが広がる

歩ける距離が長くなり、走り方も安定します。ケンケンやスキップなど、左右の足で異なる動きに挑戦したり、ジャングルジムやブランコ、三輪車など、全身のバランスが必要な複合的な動きを楽しめるようになってきます。全身の運動機能の発達で、動きの幅が広がる時期です。

2 思いを伝えることができ、質問が増える

自分の思いが伝わるように話そうとしますが、文法的にはあやふやな部分も。興味が広がり、「どうして」「なんで」と質問が増え、いろいろなことを知りたがります。一人称を使ったり、過去の出来事やこれからの予定を話したりと、会話の内容が充実してきます。

3 仲良しの友達と遊ぶことを楽しむ

　仲の良い友達ができ、ごっこ遊びや見立て遊びを楽しみます。友達と一緒にいながらも、まだ平行遊びをすることもありますが、徐々に友達と物の貸し借りをしたり、簡単なルールのある集団遊びを楽しんだり、役割を決めて遊んだりすることもできるようになります。

4 他者の感情に気付くが、自分が優先

　喜怒哀楽の表現が豊かに、より複雑になります。他者の笑顔や泣いている姿から感情を読み取ることもできるようになりますが、まだ自己主張が強い時期。「だって、〜なのに」「だって、〜だもん」と自分の気持ちを伝えたり、言い訳をしたりする姿も見られます。

5 生活習慣がほぼ自立し、自分で何でもやりたがる

　食事、服や靴の着脱、手洗い・うがいなど身の回りのことはほぼ自分でできるようになり、自信を持って行うようになります。睡眠は、一晩ぐっすり眠れるようになりますが排泄は個人差が大きく、オムツが取れた子どももいれば、トイレトレーニング中の子どももいます。

のぞいてみました！
保育者の1日

園のスケジュール	
7：00	早番出勤
7：30〜	登園、自由遊び
9：30	朝のお集まり、おやつ
10：00	クラス活動
11：00〜	昼食
12：30〜	順次、午睡へ
15：00	おやつ
16：00	自由遊び
17：00	降園
18：30	延長保育
20：00	遅番退勤

「働く時間は？」「どんな仕事がある？」など、意外と表には見えない細かな仕事まで、実際に保育園で働く保育者たちのお仕事ぶりを紹介します！

撮影協力／鳩の森愛の詩保育園、鳩の森愛の詩あすなろ保育園（神奈川県）

今日も1日頑張るぞ！

出勤簿に記入
タイムカードを押して、出勤簿に記入します。徐々にお仕事モードへ♪

7:00 出勤
登園をスムーズに迎えるため、早速準備に取りかかります。

おはようございます

7:30 登園
一人一人に元気よくあいさつ！ 子どもの様子など伝達はしっかり。

8:30 自由遊び
全員がそろうまで、おままごとをしたり、保育者と手遊びをしたり。

掃除
廊下やウッドデッキを拭き掃除。特に雨の日は念入りに行います。

花を飾る
玄関や手洗い場など気持ちよく過ごせるように園庭の花を飾って華やかに。

おたよりのネタ探し
保育の合間にネタ探し。花壇の花に雨粒が光った瞬間を激写！

上手にできたねー

連絡帳の確認

連絡帳をチェックして気付いた点は保育者間で共有を。

給食室への人数報告

欠席人数や家庭での朝のミルクの量・時間などを報告。

よし、変身だ！

行ってきます

まあだだよ！

10:00 クラス活動

天気の良い日は散歩や園庭など大好きな外遊び！ 室内の造形遊びでも思い切り体を動かします。

そろそろ昼食の準備…

9:30

朝のお集まり、おやつ

歌や絵本の読み聞かせをして今日の活動がスタート！

入ったよー

次は何が出てくるかなー

寝かしつけ

睡眠は一人一人の生活リズムに合わせて援助を行います。

着替えの介助

「さっぱりしたね」の声かけと共に気持ちよさを伝えて。

排泄の介助

自分でやりたい気持ちを尊重しながらトイレトレーニングへ。

「おかわりいる子〜?」

「モグモグできたね」

11:00 昼食
会話の弾む楽しい給食の時間。月齢に合わせて援助も様々。

布団をしく
食事の介助後、オムツ替えや着替えの合間に布団の準備。

オムツ替え、着替え
着替えが始まると、「もうすぐお昼寝」と見通しが立つように。

交代で昼食
休憩室にて交代で昼食。会話しながら午後のパワー注入!

昼食のディスプレー
降園時に合わせて保護者向けに昼食の献立を飾ります。

12:30 午睡
優しくトントンしながら寝かしつけ。あっという間に眠りの中へ。

午睡中の時間の使い方がカギ!

「ねんねしようね」

連絡帳の記入
子どものそばで連絡帳の記入。薄暗い中でもスラスラと。

掃除
汚れが気になる前に、玄関や園の周りを掃き掃除。

おたより作成
パソコンを使った書類作成やおたより配布の準備を行います。

洗濯
毎日大量に出る洗濯物は、天気次第で干す場所を変えて。

おもちゃの消毒
1日一回、積み木やおもちゃの消毒を当番制で行います。

職員会議
月一回の職員会議。テーマは事前に伝えてムダなく意見交換。

おやつの準備
クラスや人数、アレルギーの有無を確認しながら配膳。

「おやつだよー」

15:00 おやつ
楽しみなおやつの時間。手を洗ったらみんなで「いただきまーす！」

16:00 自由遊び
異年齢が入り混じって園庭へ。自由に満足いくまで遊びます。

そろそろ後片付け…

メモをとる
子どもの姿や気になったことをこまめにメモ。すっかり習慣に。

記録用に撮影
記録としてはもちろん、掲示やおたより用に子どもの姿を撮影。

「いっぱい遊ぼう」

「はい、どうぞ」　「待て待て〜」

降園の準備
連絡帳やおたよりなど渡し間違えないよう確認しながらセット。

「また明日！」

17:00 降園
今日の活動報告や子どもの様子は保護者の顔を見ながらきちんと。

翌日の行事の準備
隙間の時間を見つけて、行事に使う装飾用の折り紙を準備します。

掃除
延長保育で使用する保育室以外や廊下など掃除機をかけます。

アイロンがけ
行事で使うテーブルクロスのアイロンがけを行うことも。

18:30 延長保育
延長時間に合わせて軽食を用意。絵本を読むなど静かに過ごします。

「もうすぐお迎えくるよ」

感染症対策
感染症が流行り出す時期は園全体を念入りに消毒。

洗濯物をたたむ
翌日にそなえて手の空いた人全員で。たたむ速さに驚き！

20:00 退勤
子どもを全員見送ったら、後片付けをして家路へ。

「お疲れさまでした！」

1 新人といえど、責任があることを忘れない!

誰かがやるのではなく、自分がやるしかない

新人であっても、複数担任であっても、保育者として責任があることに変わりはありません。仕事としてお金をもらう以上は、保育のプロ。子どもの発達や現状の把握、育ちに責任をもちましょう。

2 はじめの1、2年は完璧にできなくて当たり前!

3年目でやっと自分らしく仕事ができる!

いきなり保育者として認められようとしていませんか。焦りは禁物。経験はなくても、学校で習った最新の知識があなたにはある! 新人のうちしかできない失敗や様々な経験を積んで、来たるべき3年目に備えて。

3 一年間の行事を頭に入れて、一つ一つ乗り切ろう！

行事をこなすことで、子どもと自分の成長を実感

最初は何をしたらいいか、何の準備が必要なのか分からないことだらけ。まずは園の一年間の行事を頭に入れて、心がまえを。先輩に聞いて、自分なりに考えているうちに、あっという間に一年です！

4 子どもと保護者、地域とつながることで成長しよう！

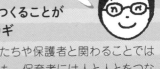

人と信頼関係をつくることが保育者としてのカギ

目の前の子どもたちや保護者と関わることではじめは精一杯。でも、保育者には人と人とをつなぐという大切な役割があります。あなたの働きかけで、子ども、保護者、さらには地域までもが結び付いていくのです。

5 子どもはかわいい！保育は楽しい！仕事に誇りをもって！

子どもの良いところを見つけ、伸ばすことが「保育」

これからの保育者生活は辛いこと、楽しいこと、様々なことが待ち受けています。そんなときは基本に立ち返ることが大切。子どものかわいさに目を向けて、保育の仕事のすばらしさをかみしめましょう。

もくじ

0〜2歳児は発達の個人差が大きいから、見極めが大事なの

- 6か月未満の発達 ･･････････････ 2
- 6か月〜1歳3か月未満の発達 ････ 4
- 1歳3か月〜2歳未満の発達 ･･････ 6
- 2歳の発達 ･･････････････････････ 8
- 3歳の発達 ･･････････････････････ 10
- のぞいてみました！　保育者の1日 ･･････ 12
- 新人保育者のみなさんへ ･･･････････ 17

明るい笑顔と元気なあいさつが基本！

Lesson 1　一人前の保育者になりたい！

人と豊かに関わる保育者という仕事に魅力を感じよう ･･････････	26
第一印象を大切に ････････････････････	28
清潔感のある身だしなみ ･･････････････	30
TPO に合った言葉づかいを ･･････････	32
新人としての心がまえ ････････････････	34
園の職員の一人として ････････････････	36
情報共有がカギ ･･････････････････････	38
先輩保育者との付き合い方 ･･････････	40
職員同士の連携 ･･････････････････････	42
子どもの手本として ･･････････････････	44
ときには気分転換を ････････････････	46
モチベーションを上げよう ･･････････	48
【column】気をつけよう！　職場のエチケット7 ･･	50

Lesson 2 生活習慣の自立を支えよう

できた！シーンを生かすことが大切！

子どもに見通しをもたせることが 生活習慣の自立のカギ！		52
食事	ミルクを与える	54
食事	食べることに興味をもたせる	56
食事	スプーンなどを使い始める	58
食事	楽しい雰囲気づくり	60
排泄	オムツを替える	62
排泄	オムツからトイレへステップUP	64
排泄	排泄の自立へ	66
着脱	衣服を着替えさせる	68
着脱	自分でやる気持ちを促す	70
着脱	自分で着脱することを支える	72
清潔	気持ちよさを伝える	74
清潔	「きれい」になる、するを意識させる	76
睡眠	心地良い眠りのために	78
睡眠	睡眠で休息をとるためには	80
【column】乳児クラスで取り入れたい！ 　　　　　生活習慣の環境構成アイデア		82

Lesson 3 心の育ちを知ろう

子どもの姿や行動をよく見て、気持ちを読み取って！

信頼関係と安定した生活で心を豊かに育もう ・・・・・ 84
愛着関係　心を育む土台になる関わり ・・・・・ 86
泣く　思いを伝える言葉 ・・・・・ 88
笑う　心と体を豊かにする笑い ・・・・・ 90
喃語　コミュニケーションの第一歩 ・・・・・ 92
三項関係　自分の興味を指さしで伝える ・・・・・ 94
自我のめばえ　自立しようとする心の現れ ・・・・・ 96
自己主張が強くなる　自分の思いと向き合い始める ・・ 98
友達との関わり　友達の存在に気付き、関わる ・・・・・ 100
行動と言葉　心の動きを行動や言葉で表す ・・・・・ 102
【column】気になる行動と心の育ち
　　　　　ひっかき・かみつき ・・・・・ 104

楽しいと思える体験をたくさん積み重ねて！

Lesson 4 子どもと遊ぼう

夢中で遊び込んだ経験が"子どもを育てる"	106
スキンシップ　触れ合う楽しさを伝えよう	110
読み聞かせ　絵本への関心を引き出そう	112
読み聞かせ　絵本のおもしろさを伝えよう	114
おもちゃ　子どもの興味を引き出そう	116
歌・音楽　音楽を通して表現を楽しもう	118
運動遊び　様々な体の動きを経験させよう	120
自然遊び　自然と触れ合い五感を刺激する	122
水遊び　変化する水の楽しさを体感	124
造形遊び　様々な素材で表現しよう	126
ごっこ遊び　やりとり遊びを促そう	128
ごっこ遊び　ごっこの世界を楽しむ工夫を	130
集団遊び　ルールは段階を追って伝えよう	132
【column】乳児クラスで取り入れたい！ 遊びの環境構成アイデア	134

Lesson 5 保護者と積極的に関わろう

保育者と保護者は子どもの育ちを支える強力タッグ！

"子どもの幸せ"につながる
保護者との関わりとは？ ……… 136
積極的に会話しよう ………… 138
コミュニケーション術を知ろう ・・ 140
人と人とをつないでいこう …… 142
読まれる掲示をめざそう …… 144
個別の連絡はよりていねいに ・・ 146
準備を整えて面談に臨もう …… 148

こんなときには…保護者のCASE別対応

① 登園時、子どもが泣いて困っている保護者には… ・・ 150
② けがをさせてしまった子どもの保護者には… ……… 151
③ 偏食や少食を心配する保護者には…………………… 152
④ トイレトレーニングを園任せにする保護者には…… 153
⑤ 夜型で生活リズムが乱れている保護者には… ……… 154
⑥ 保育内容に注文が多い保護者には…………………… 155
⑦ いつも持ち物やお願いを忘れる保護者には………… 156
⑧ 何でもやってあげる保護者には… …………………… 157
⑨ 自分の子どもの話しか信じない保護者には… ……… 158
⑩ 子どもに無関心な保護者には… ……………………… 159
⑪ クレームを言ってくる保護者には…………………… 160
⑫ 集団になって意見を言ってくる保護者には………… 161
⑬ やりとりが難しい外国人の保護者には… …………… 162
⑭ 育児放棄の可能性がある保護者には… ……………… 163

付録

園でおこりやすいけが ……… 164
よく見られる病気・症状 …… 166
指導計画 ……………………… 172

Lesson 7

一人前の保育者になりたい!

「一人前の保育者になりたい！」その前に
人と豊かに関わる保育者という仕事に魅力を感じよう

保育の出発点は子ども理解！

援助は、目の前の子どもがどのような状況に置かれているのかを見極め、子どもの思いを正しく読み取ってこそ適切に行うことができます。その際、自分の経験や知識、あるいは感情や推測に当てはめず、冷静に子どもを見ます。さらに子どもにとってのメリットや他の保育者の視点も取り入れたうえで判断し、愛情ある援助をしていきます。

子ども第一で接するためには？

❶ 事実・状況を理解しよう
はじめに、子どもの現在の状況やおかれた状況を考えます。

❷ 子どもの思い、行動を理解しよう
なぜ、このような行動をするのかを考えましょう。行動には必ず理由があるはず！

❸ 子どもにとってプラスになることを考えよう
行動の意味を理解し、子どもが「どうしたいのか？」「どうなりたいのか？」その思いを探りましょう。

❹ 愛情あふれる援助をしよう
行動に対する思いをまずは受け止め、援助していきましょう。

自分の経験や知識の中だけで判断しないこと！
自分の気持ちを少し抑えて、他の保育者の意見や視点を取り入れることも大切です。

求められる保育者としてのふるまい

園の中では、保育者の言葉、態度、表情などすべてが子どもの手本です。子どもや保護者へはもちろん、職員、出入りの関係者の方たちへ、いつも心からの笑顔で、分け隔てのない接し方をすることが子どもの心も育てます。ささいなことでも子どもたちから見られている意識を忘れず、気持ちのよいふるまいを心がけて。

保育者は子どもを通じて人とつながることができる

保育は、保育者だけの力でできることではありません。子どもと子ども、子どもと保護者、保護者と保護者をつなぎ、地域の人たちや関連する業者の方など、広く社会と関わります。大人が子どもを守るという意識で結ばれ、輪になっていくのです。保育者は子どもを通して、人とつながることができる魅力的な仕事です。

自分を大切にできてこそ人を大切にできる

周りの評価を気にしすぎると、仕事は前へ進みません。今の自分にできることを精一杯すればOK。できない自分、弱い自分を許し、受け入れることで、周りの人も大切にすることができます。子ども、保護者、職員と本当の信頼関係を築いていくことは、ありのままの自分を大切にすることから始まります。

> まずは自分チェック！

第一印象を大切に

保育者は、毎日多くの人と接する仕事です。大切なのは第一印象。子どもは、ニコニコしている先生が大好きです。

新人保育者あるある！

元気よく大きな声であいさつして、損はなし！

もともと声が小さくて、大きな声を出すのが苦手。でも、私の園では園長をはじめ、保育者たちが「笑顔で元気なあいさつ」を実践していました。やっぱり子どもも保護者も笑顔でハキハキ話す人には、笑顔を見せてくれるんですよね。私も少しずつ真似していくうちに、今では普段話すときから笑顔で声が出せるようになりました。

POINT 1

笑顔とあいさつは保育者の基本！

あいさつは人と人とをつないでくれる言葉です。「おはようございます」「行ってらっしゃい」「さようなら」など、保育者としてどんなときでも明るい笑顔とともに声を出しましょう。気分がのらないときも口角を上げれば、明るい声になるものです。

1. 相手の目を見る
2. 自分から先に
3. 笑顔でにこやかに明るく大きな声で
4. 誰にでも心を込めて
5. 話しやすい距離感

プラスα

名前や一言を添えてあいさつ上手

「〇〇ちゃん、おはよう」と名前を呼んだり、「変わりないですか？」と様子を聞いたりする一言を添えましょう。名前を呼ばれたり、一言プラスすることで親近感がわき、相手は嬉しい気持ちになります。

こんなときには…

全然返事をしてくれません

いくらあいさつをしても、こちらを見てくれない保護者、聞こえているはずなのに返事をしてくれない保護者がいます。嫌われているのではないかと、落ち込んでしまいます。

 気にせず続けましょう

保護者の中には、人見知りな人や、声が小さい人もいます。それでも保育者は分け隔てなく、誰にでも明るい笑顔であいさつをしましょう。小さな積み重ねが信頼関係へとつながっていきます。

POINT 2

笑顔のためにもまずは健康管理！

子どもの心を受け止め、共感する保育の仕事は、保育者の心身が健康でないとできません。健康であれば、明るい笑顔が自然とでてきます。早寝・早起き・栄養バランスのとれた食事・ストレス解消などを心がけましょう。健康管理も仕事のうちです。

まずは自分チェック！ 清潔感のある身だしなみ

身なりには人柄が表れます。常に「保育者としてどう見られているか」を意識して、好感のもてる身だしなみを心がけましょう。

新人保育者あるある！
子どもが指摘！　バッチリメイクの化粧くずれ

　学生時代からメイクが大好きな私。保育者になっても、きちんとメイクをしていたいタイプだったのですが、ある日、化粧直しができずにそのまま子どもと遊んでいたら、「先生のお顔ベタベタする」と言われてしまい……。それ以来、子どもと遊ぶのにメイクはかえって邪魔かもと思い、最低限のナチュラルメイクで過ごしています。

CHECK! 通勤時も園内も清潔感が基本！

清潔な衣類を着ることは、子どもに衛生面の大切さを伝えるうえでも必要なこと。汚れたら取り換えられるように、着替えは必ず用意しておきましょう。エプロンや上靴などもこまめに洗濯してきれいなものを身に付けて。保育者は子どもの手本です。

＜園内＞

服装
子どもと思いきり遊べるように、動きやすいパンツスタイルが基本です。香水などの香りはつけません。

 動いても乱れにくく
胸元が見えるほど開きすぎているもの、下着が見える股上の浅いパンツは避けましょう。

メイク
明るく元気に見えるナチュラルメイクが基本。濃すぎるメイクは保育の妨げになります。

ヘアスタイル
子どもから表情が見えるように、長い髪は1つに結び、目にかかる前髪は留めましょう。

 **2つ結びは避けて**
2つ結びは子どもを抱いたときに子どもの顔にかかることがあります。1つにまとめるか、アップにして。

つめ、ネイル
つめは短く切っておきます。ネイルは休日に楽しむ程度にし、勤務のある日は落として。

＜通勤時＞

服装
流行りであっても、肌の露出が激しい服や破れたデザインのジーンズなどは避けたいもの。どこで会っても、子どもや保護者にとっては先生であることを意識しましょう。

こんなときには…

通勤時に保護者にバッタリ！

園への行き帰り、ヘッドホンで音楽を聴きながら歩いていたところ、保護者に出会いました。軽くあいさつはしたのですが、けげんな顔をされてしまいました……。

マナーを守りきちんとあいさつ

園の近辺では子どもや保護者、地域の人に見られているという意識をもって。ヘッドホンをしているときは、いったん外してあいさつを。「〇〇園の先生」の自覚を忘れずに。

まずは自分チェック！

TPOに合った言葉づかいを

言葉づかいには、その人の物事の捉え方やどういう生き方をしてきたのかが表れます。日頃からていねいに話すようにしましょう。

新人保育者あるある！

敬語に気をとられすぎて、伝えたいことが言えず…

保護者と話すときに緊張のあまり、失礼があってはいけないと「ございます」「させていただきます」を連発して大混乱。私の不自然な敬語のせいで話の内容も伝わりにくく、時間もかかって保護者もだんだんけげんな表情に…。今は、敬語そのものよりも伝えたいことはなにかを整理して、ていねいに話すことを第一に心がけています。

POINT 1

あいさつから始まる温かな雰囲気

人と人との関係をスムーズにしてくれるのが、あいさつです。園内でも保育者同士、気持ちのよいあいさつを交わすことが大切。後輩やパート職員も、保育という同じ目的をもって働く仲間。積極的に言葉を交わして、園内を良い雰囲気にしましょう。

こんなときには…
保護者への話し方が分からない

保護者への説明や、日常の会話では、どの程度の敬語を使えばよいのでしょうか。友達のようにではいけないし、かといってあまりかしこまった話し方をするのも……。

先輩保育者より ちょっとした言葉の選び方が大切

「これなんですけど」→「○○の件なのですが、お時間よろしいでしょうか」、「前にも言いましたけど」→「何度も申し訳ありませんが、念のため…」など、言い回しをていねいにすることが基本です。

POINT 2

電話のマナーを身に付けて

現在はメールなどの連絡方法が主流のため、園での電話応対に戸惑うことがあるようです。難しく考え過ぎず、電話でも「明るく、ていねいな言葉づかい」を基本に。必ずメモ帳とペンを用意して伝言を書き留め、切る前に確認しましょう。

電話のかけ方

① 園名と氏名を伝える

携帯にかけるとき
「○○さんの携帯ですか。△△園☆組の□□と申します。いつもお世話になっております」
時間によってはあいさつを入れます。

会社にかけるとき
「△△園の□□と申します。お仕事中恐れ入りますが、○○さんはいらっしゃいますか」
取り次いでもらったら、再度名のります。

② 用件を手短に話す

③ お礼を言って電話を切る

「お忙しい中、ありがとうございました。失礼いたします」と言って静かに受話器を置きます。基本はかけたほうが先に切ります。

相手が不在のとき
「失礼ですが、何時ごろお戻りでしょうか」と聞き、「それではその頃に改めてお電話をいたします」と伝えます。

電話が突然切れたとき
取り次ぎの間に切れてしまった場合はかけたほうから再度かけ直し、「先ほど切れてしまったのですが」と伝えます。

まずは自分チェック！

新人としての心がまえ

よい仕事をするには、よい人間関係が必要です。園が温かでなごやかな雰囲気であるために、まずは一人一人の心がけが大切です。

新人保育者あるある！

前のめりなくらいがちょうどいい

　質問することや「頑張ります！」という態度を示すのは格好悪いと感じていました。疑問があっても分かるフリをして後で必死に調べる…という毎日。でも、そのうち気が付いたんです。新人だからできる質問や頑張る姿を見せることで、先輩や周りの意識が変わることだってあるってことを。いろいろ聞いて新人のうちにたくさん吸収してください。

POINT 1

素直な心と姿勢を心がけよう

　新人は先輩の指示を受けることが多くなります。分からない点があれば「〜したほうがよいでしょうか」と正直に聞いて確認しましょう。指摘されたことに反論したいこともあるかもしれませんが、「先輩はなぜそう言うのだろう」とまず冷静に受け止めて。

聞き上手7か条

1. 相手の気持ちに共感する
2. 相づちを打つ
3. 相手を見て、よい姿勢で聞く
4. 会話の途中でさえぎらない
5. 体を揺すったり、よそ見をせず、集中して話を聞く
6. 重要なことはメモをとる
7. 分からなかったこと、聞きもらしたことは再度聞く

POINT 2

聞くことは恥ずかしいことじゃない

　分からないこと、疑問に思ったことは、そのままにしないで思い切って聞いてみましょう。「こんなことを聞くのは恥ずかしい」と思うこともあるかもしれませんが、何でも聞けるのは新人の特権でもあります。今のうちに多くのことを吸収しましょう。

POINT 3

めざす保育者の姿をイメージして

　○○先輩みたいに手遊びをたくさん知っている保育者になりたいなど、目標をもつことで、保育に対する自分なりの考えがめばえてくるものです。体操、ピアノ、なわとび…自分の得意なことをさらに伸ばす努力をすることから始めても良いでしょう。

CHECK! 愛される保育者に！

　子どもや保護者が望むことは何かに気付くには、相手に関心をもち、よく見ていくことが必要です。先輩の保育を見て、良いところは真似をしましょう。そして謙虚さと笑顔を忘れずに。

- ☑ 様々なことに関心をもつ
- ☑ 先輩の保育をよく見る
- ☑ まじめに仕事をする
- ☑ 謙虚な気持ちで
- ☑ 保育の面白さを見つける
- ☑ 保育者として自信をつける

> 社会人一年生!

園の職員の一人として

社会人として、まずは遅刻や欠勤をしないことが一番でしょう。子どもの命を預かっているという責任と、謙虚な気持ちを忘れずに。

新人保育者あるある!

保育のプロであり、社会人である自覚をもとう

「保育者は保育のプロよ」と言われても、最初はどういうことなのか分かりませんでした。しかし、先輩たちが、子どもの動きを育ちと結びつけて保護者へ説明しているのを見たり、誰に対しても笑顔で、分け隔てなく気持ちのいい対応をしたりする姿を見ているうちに、「保育のプロとは、こういうことか!」と分かりました。

POINT 1

遅刻・欠勤は×

基本的に遅刻や欠勤はしないのが社会人としての責任です。時間という最低限のルールが守れない人への信頼は生まれません。欠勤もその分の仕事を誰かが担わなければなりません。やむを得ない場合は、必ず電話で連絡を入れ、事情を話します。

POINT 2

悪口は言わないのがデキル社会人

毎日の仕事でたまには愚痴をこぼしたくなることもあるでしょう。しかし、たとえ信頼できる人であっても、悪口は言わないにこしたことはありません。保育の仕事はチームワークとコミュニケーションが大切な職場。共に信頼し合うことが基本です。

POINT 3

個人情報の扱いに注意

園にはたくさんの個人情報が存在します。保護者からの提出書類や園児の連絡帳など、どれも徹底した管理が必要です。最近ではおたよりなどに写真を使うことも増えています。その場合は、必ず保護者に確認してから使用します。

園児名簿（名前・住所・電話番号など）
保護者の就労先記載表
家庭状況調査票
日誌や注意事項の伝達内容
連絡帳や投薬依頼書、アレルギー対応表
園児の写真　など

○○さんってお仕事どこ？

POINT 4

地域の方を大切にしよう

子どもを温かい目で見守ってくれる地域の人や、出入りの業者の人にも、分け隔てなくあいさつをし、コミュニケーションを密にしていきましょう。普段の関わり方、つながりが、災害時や緊急時の助け合いにも役立ちます。

今日も天気がいいですね

社会人一年生！

情報共有がカギ

保護者に伝えなければならない情報や、保育者間で共有しなくてはならない情報など……。情報は正確に確実に伝えることが重要です。

新人保育者あるある！
言いづらかったり迷ったり…でも報連相は絶対すべき！

毎日いろいろなことが起こるので、最初は何を報告すればよいのか分かりませんでした。「この程度だったらいいや」「今は忙しそうだからあとで…」と、迷って伝えなかったことが逆に大事なことだったりしたことが、何度もありました。報告をくり返すことで、伝える情報の優先順位なども自然と身に付くようになりますよ。

POINT 1

小さなことでも報・連・相

園長や主任、リーダーたちは、子どもの様子やその日の出来事などを把握していく立場にあります。毎日の出来事を報告するのは保育者の義務でもあるのです。「こんなことまで報告しなくても」と思わずに、積極的に報告しましょう。

ホウ	レン	ソウ
報	連	相
＝	＝	＝
報告	連絡	相談
途中経過や結果を伝えること。タイミングが大切。	業務に必要なこと、予定などをこまめに伝えること。	問題が起きたとき、判断に迷ったときなどに意見を聞くこと。

CHECK! 日頃から共有したい情報は？

その日の出欠状況、保育計画、事故、けが、トラブル、保護者の状況、送迎者の変更などは、共有しておかなくてはならない基本情報です。その他に行事に関することや地域の情報なども共有しておきます。

園内
・クラスの保育の状況や問題点
・園全体で解決すべきこと
・事故やけが
・園内の行事予定

クラス内
・子どもや保護者、家庭の状況
・日々の出欠や送迎者など
・保育の計画やクラス運営に関わること
・会議の報告　など

POINT 2

申し送りは忘れずに！

0～2歳児クラスなら複数担任ですし、応援のパートタイムの保育者もいます。そこで、関わる人みんなの連携、協力が大切になります。勝手に「これは申し送らなくても大丈夫」と判断せず、すぐに伝えられない場合は申し送りノートに残しましょう。

こんなときには…

報告する、しないはどう判断すべき？

物の取り合いがありましたが、ささいなことだったので、報告しませんでした。しかし翌日、保護者から「○○ちゃんとけんかした。行きたくない」と言っていると聞かされ…。

まずはすぐ報告 指示を仰いで！

まずはミスを含めて主任や園長などの上司に報告し、保護者には謝罪します。大したことでなくても報告をあげ、上司の指示を仰ぎます。それがきっかけで、大きなことにつながる可能性があるからです。

Lesson 1 一人前の保育者になりたい！

社会人一年生！ 先輩保育者との付き合い方

先輩保育者は、経験も知識も豊富です。困ったとき、分からないことがあるときは早めに相談し、謙虚な気持ちで教わりましょう。

新人保育者あるある！

恐れてばかりはダメ！　先輩も昔は新人でした！

　上下関係がほとんどない学生生活を送ったので、先輩の存在は恐怖そのもの。特に強面で厳しそうな口調の先輩と話すときはガチガチでした。でも、ある失敗をしたときその先輩が「私も同じことしたな…」と言ってくれて、一気に距離が縮まりました。今思うと子どもへの接し方を見れば、いい先輩だってすぐ気付けたんですけどね。

POINT 1
教わり上手はかわいがられる

手が空いているときは、「何かできることはありますか？」と声をかけ、積極的に手伝いをしましょう。自分自身の保育技術を向上させることにもつながりますし、先輩との良い関係づくりにもなります。

POINT 2
スポンジのごとく吸収しよう

子どもとの接し方、保護者対応、絵本の読み方など、見習いたい先輩や尊敬できる先輩との出会いは大切にしましょう。素晴らしいところは積極的に学び、どんどん自分のものにしていきましょう。

こんなときには…

目で見て学べ！ タイプの先輩との付き合い方

遊びの盛り上げ方が上手な先輩がいます。私もそうなりたくて、先輩に質問するのですが、あまり答えてくれません。どうしたらよいでしょうか。

 見る＋考える＋聞くが大切

先輩のやり方や子どもの反応などをそばでよく見て、何を知りたいのか具体的にポイントを絞って質問してみましょう。後輩を育てることも先輩の役割。きっと教えてくれるはずです。

仕事を上手に断りたい

いつも私ばかり頼まれて、クタクタです。本当に忙しいときもあり、そんなときは断りたいのですが、関係を悪くさせないように断るには、どのように言えばよいでしょうか。

 角がたたない断り方で円滑に

頼まれたら引き受けるのが基本ですが、どうしても難しいときは、「今〇〇をしているので、終わってからでもよいでしょうか」と事情を説明しつつ、聞いてみるとよいでしょう。

社会人一年生！ 職員同士の連携

問題が起きたときこそ、保育者同士の助け合い、連携が必要になります。一人で問題を抱えるのではなく、園全体で考えましょう。

新人保育者あるある！
子どものため、保護者のため、「一人じゃ保育はできません！」

　自分なりの理想の保育をめざそう！　と周りが全く見えていませんでした。自分さえ迷惑をかけなければ…と意地を張り、「手伝おうか」と言われても「大丈夫です」と言い切っていました。もちろん、大変そうな人には声をかける余裕なんてありませんでした。でも、一人で保育なんてできる訳なく、早く素直になれば良かったです。

POINT 1
チームワークが保育の質につながる

　保育者が連携して行わなければならない保育という仕事において、チームワークのよさは園の宝ともいえます。世代の違いを認め、助け合い、協力することが保育者に身に付いていれば、保育の質は向上し、園の雰囲気もよくなるでしょう。

こんなときには…
新人でも発言して大丈夫？

　会議や職員同士の話し合いなどで先輩の間違いを指摘するときや、自分なりの意見を言いたいときは、どのような言い方をして、どんなことに配慮すればよいでしょうか。

説明を加えて筋の通った意見を

「私は〜したほうがよいかと思うのですが…」とやわらかい口調で伝えてみましょう。ものは言いようです。単刀直入に反対意見を述べるのではなく、ソフトな言い方を心がけて。

POINT 2
コミュニケーションは積み重ね

　園内の人間関係は、毎日の保育にも大きな影響を与えます。基本的なあいさつ、返事は気持ちよくすることを心がけ、やわらかな言い方、ていねいな態度を日常的にできるようにしましょう。コミュニケーションのよさは子どもにも伝わります。

こんなときには…
連携がうまくいかない

　仕事が忙しく、次から次へとやらなければならないことが出てきて、話し合いの時間がとれず、意見を出し合えません。保育者間もギクシャクしているような状態です。

忙しくても時間はつくるもの！

　忙しいのはみんな同じです。今、優先しなければならないことは何かを考え、少しでも時間をつくる努力をしましょう。打ち合わせの時間をとれる態勢を整えることも考えます。

社会人一年生！

子どもの手本として

ものを大切に扱うこと、掃除をきちんとすること、ていねいな言葉やしぐさなど、保育者の態度はつねに子どもの手本となっています。

新人保育者あるある！

先輩より、保護者より、子どもが一番見ている！

子どもは人の真似をするのが大好き。園では保育者の行動をよく見ていて、真似をします。手がふさがっていたのでうっかり足で床の上の物を動かしてしまったら、それを見ていた子どもが「足で動かしていいんだ！」と。先輩や保護者は見て見ぬふりをしてくれるかもしれませんが、子どもは行動に移すので、ごまかせません。

POINT 1
自信をもって手本を見せよう

　食事のマナーや手の洗い方、靴のぬぎ方などは子どもがこれから習得していくものです。まずは保育者が正しいやり方を子どもの前でやって見せることが一番の近道です。あやふやなところがあれば確認して、自信をもって行動しましょう。

CHECK! こんなところにも注意！
- ☑ 鉛筆の持ち方
- ☑ 文字のていねいさ
- ☑ ひもの結び方
- ☑ 道具の扱い方　など

✕ NG箸づかい
・寄せ箸
・迷い箸
・ねぶり箸
・刺し箸
・くわえ箸
・渡し箸　など

POINT 2
行き届いた掃除で清潔な環境を

　ものが整理整頓されていて、清潔な保育室は気持ちがよいだけでなく事故やけがの防止にもつながります。部屋全体を片付けたら、掃く→ふく→ごみの始末の順に行うのが効率がよいでしょう。最後に子どもの目線になって全体をチェックします。

POINT 3
一番真似される言葉づかい

　ていねいな言葉づかいは人柄も表します。さっき→さきほど、今日→本日、あります→ございます、など一般的な表現よりも少していねいな言い方も覚えましょう。また、誰に対しても笑顔で誠実な対応をすることを心がけましょう。

Lesson 1　一人前の保育者になりたい！

> ステップ
> UP
> めざして！

ときには気分転換を

仕事が思うようにはかどらないと、笑顔が消えて保育にも影響が。イライラを感じたときの解消法、ストレスの発散法を見つけましょう。

新人保育者あるある！
一人でクヨクヨ……は時間のムダ！

　自分に能力がない…、どうしてうまくいかないんだろう…などと思い始めると、悪いほうへばかり考えてしまうものです。保育で子どもたちと一緒にとにかく遊び、元気な子どもたちの姿を見ていると、クヨクヨしていることを忘れている自分に気付くでしょう。悩むより、体を動かすなど発散したほうがきっといい方向へ進みます。

POINT 1

仕事に対するオンとオフ

どんなに好きな仕事、よい人間関係でも疲れやストレスはたまります。休日はしっかり休んで趣味を楽しむなどして気分転換しましょう。また反対に、休日の疲れを仕事中に引きずらないように、オンとオフのメリハリはきちんとつけましょう。

CHECK! こんなときこそ健康的な生活を

十分な睡眠、栄養バランスのとれた1日3回の食事、適度な運動、ストレス解消のための楽しみ。すべてを完璧に行うことは難しいですが、どれか一つでもきっちりと行うように心がけると、それが良い循環を生みます。

POINT 2

自分の気持ちをコントロールしよう

先輩や同僚に悩みを聞いてもらう、休日の楽しい予定を考える、モヤモヤする場から少し離れて別の作業をする、周囲の人はどうなのか目を向けてみるなど、自分の気持ちを切り替える方法をもちましょう。

こんなときには…

失敗が続き、どうしたらいいのかわかりません

子どもは言うことを聞いてくれないし、保育は計画通りに進まないしで、とにかく何もかもうまくいきません。保育者に向いていないのでは……。仕事をやめたい気持ちです。

あなたの良さを見ている人はいる！

「子どもたちへの接し方が優しい」「話すとほっとする」など、周囲の人は、自分では気付かない一面を評価していることがあるものです。一人で抱えこまずに相談しましょう。

モチベーションを上げよう

ステップUPめざして!

モチベーションとは、つまりやる気や意欲のこと。いつもやる気いっぱいの保育者、生き生きした保育者であり続けたいものです。

新人保育者あるある!

自分だけ…と思いがち。広い視野で見て

　保育者は忙しい、仕事が大変だと思ってしまうことが多いですが、言い方を変えればそれだけやりがいのある仕事だということ。それに、大変なのは自分だけではありません。職場の人それぞれが大変な思いを抱えています。「私だけ」「私ばっかり」と思う前にそのことに思いを馳せてみると、「私も頑張ろう」と思えてきます。

POINT 1
子どものかわいさに注目！

「先生大好き」「今度〇〇して遊ぼう」などと言われると、疲れが吹き飛びますね。子どもにしか言えない一言、子どもだからこその行動に一喜一憂できるのは、保育者という仕事ならでは。子どもと一緒におもしろがりましょう。

POINT 2
仕事のすべてに興味をもとう

雨が降ると大人は「ああ、雨か……」と暗い気持ちになりますが、子どもは雨でさえも、理屈抜きに楽しもうとします。それが子どもの素晴らしさ。保育者も見習って、子どものような好奇心で様々なことに興味をもってみましょう。

POINT 3
園外の情報を得る機会を

園外研修や講演会などに積極的に参加してみましょう。勤務日との兼ね合いもありますが、園長や先輩に聞くと情報が得られるかもしれません。勤務園以外の保育や子どもの活動、食育など新しい情報を得ることは、保育者としてプラスになるはずです。

こんなときには…
モチベーションを保てません

1週間、1か月があっという間に過ぎ、毎日を振り返る余裕もなく、日々の保育に追われているだけのような気がしています。保育へのモチベーションを上げたいのですが……。

まずは小さい目標からリストをつくろう

「毎日必ずやることリスト」をつくり、できたらマルを付けていきます。小さな目標でもたくさんマルが付くと嬉しく、マルが付かなかった項目は反省点にもなり、やる気につながります。

column 気をつけよう！
職場のエチケット7

仕事をスムーズに進め、気持ちのよい職場にするには、一人一人の意識が大切。社会人としてのマナー、基本ルールを知り、守りましょう。

1 保育者同士の帰り道のおしゃべり

大きな声や悪口を話すことは控え、常識の範囲内でのおしゃべりを楽しみましょう。子どもや保護者、地域の人と出会ったら、話すのをやめて、きちんとあいさつをしましょう。

2 子どもの前での化粧直し

化粧直しをするときは、休憩時間などに、決められた場所で済ませましょう。保育室内や廊下など、他の人の目に触れる場所では行わないようにします。周囲の人への気づかいを。

3 私用での携帯電話

勤務中は、携帯電話の使用はしないことを守りましょう。どうしても…な場合は、休憩時間内に休憩場所で。通勤の行き帰りに、歩きながら話すのはマナー違反です。

4 無断で写真撮影

保育中の写真を撮る場合は、保護者に了承を得たうえで行います。何のために撮るのか、撮った写真（データ）の管理は誰がどのようにするのかも決めておく必要があります。

5 タバコの臭いを残す

喫煙の有無は個人の自由とはいえ、保育者は禁煙することが必要です。保育のプロとして、子どものすぐそばにいる保育者が、タバコの臭いをさせていることは許されません。

6 共有物の私物化

文房具を持ち帰って私物化したり、コピー機を私用で使ったり、本などの資料を返さないなどはしてはいけません。園のものと自分のものはきちんと区別しましょう。

7 渡し間違いや置き忘れ

渡す相手を間違える、使ったまま置きっぱなしにする、などは他の人に迷惑がかかります。個人情報の管理も含め、使ったものやこれから使うものの確認はきちんと行います。

Lesson 2

生活習慣の自立を支えよう

「生活習慣の自立を支えよう」その前に

子どもに見通しをもたせることが生活習慣の自立のカギ！

何でもお世話でなく見通しをもたせる援助を

乳児の場合、「やってあげなければ」という意識が先に立ってしまいますが、食事や着替えなど、ある程度毎日同じ手順で行われることは、ルーティンになっていたほうが子どもも見通しがもてますし、何より安心することができます。いつも通りの援助を行えば、子どもは子どもなりに理解し、見通しをもって動くことができるようになります。

生活習慣の基本の考え方

食事
食事は空腹を満たすだけではなく、友達と楽しく食べる、つくってくれた人のことを考えながら食べるなど、人との関わりや食を大切に考えることを学ぶ場でもあります。

排泄
オムツから自由になり、トイレでする必要性を学んで、初めて自立といえます。排泄の感覚が得られるように、失敗を恐れずにオムツを外してみましょう。

着脱
着脱は「自分でできた」が目に見えるので、喜びも大きいものです。極力、子どもが自分でできるような環境を工夫し、さり気ない援助を心がけましょう。

清潔
清潔にすること=「気持ちがいい」という感覚を身に付けられるような援助を考えます。清潔が健康につながると理解することで、主体的に行う動機に。

睡眠
子どもが元気に活動するためには、十分な睡眠が必要です。生活リズムを整えることは健康の基本。その大切さを家庭にも伝え、協力して取り組みましょう。

Lesson 2 生活習慣の自立を支えよう

自立のためには家庭との連携が不可欠

　乳児は特に育児の方針は家庭が決めるのが基本。保護者がどうしたいのか、家庭ではどのような生活習慣なのか、まず聞きましょう。それから園での様子を伝え、うまくいかないことはどうすればよいのかを話し合っていきます。そうすることで保護者との信頼関係が生まれ、家庭の情報も得られ、家庭と園とで無理なく進めていくことができます。

保護者支援が自立への近道！

保育での生活習慣の自立援助 ＋ 家庭（保護者の選択）の尊重

↓

生活習慣の自立!!

"できたシーン"を生かして意欲につなげよう

　食べられた、着られた、トイレでできたなど、生活習慣には「できた」のシーンがたくさんあり、充実感が得やすいもの。その嬉しさは自信につながり、もっとやってみようという意欲もわいてきます。早くできることがよい子、よい保育者なのではありません。必要性を理解しながら主体的に行うことができるように、「できた」を増やしていきましょう。

食事

● 0か月～1歳6か月頃

ミルクを与える

ミルクを飲む時間は、赤ちゃんにとって幸せなひとときです。保育者は、あわてずゆったりとした気持ちで時間を共有しましょう。

環境構成

落ち着いた雰囲気づくりを第一に
・落ち着いて飲むことができるように、静かな場所を確保する。
・そのまま入眠することを考え、寝具も整えておく。

ことばかけ
「おいしいね」
「おなか いっぱいに なったね」

哺乳瓶の位置
空気が入らないよう哺乳瓶を傾け、乳首がつねにミルクで満たされている状態を保つようにします。

首周りにガーゼを当てる
ミルクがたれてくることがあるので、あごの下にガーゼを当てておきましょう。

目と目を合わせて話しかける
子どもの顔を見て、時折「おいしいね」などと話しかけながらゆったりと授乳します。

抱き方
保育者の腕に子どもの首をのせ、背中から安定して支えるように抱きます。子どもの両手が自由になるようにしましょう。

与えるミルクの量
子どもの発育、その日の体調、家庭での授乳状況などと合わせて適切な量を与えます。(6か月なら1回に200cc前後)

ゲップをさせる
授乳のあとは縦抱きにしてゲップをさせます。もしゲップが出ないまま寝てしまったら、顔を横に向けておきましょう。

CHECK！ 授乳前に確認を

☑ ミルクはつくり置きしてない？
☑ 哺乳瓶や乳首、ミルクの量
☑ 人肌くらいに冷めている？
☑ 体調はいつもと変わりない？
☑ オムツは交換した？

与えた時間と量の記録をしっかりと！

朝、家庭でミルクを飲んだ時間と量、園でミルクを飲んだ時間と量、そのときの子どもの様子は、大切な情報です。記録表やホワイトボードなどに毎回記入して、保育者間で情報を共有し、授乳や食事のタイミングを一人一人に合わせましょう。

乳首の穴は3タイプ

家庭との連携
哺乳瓶や乳首の確認はＯＫ？

家庭で使用している哺乳瓶や乳首と同じもので授乳することが基本です。乳首の形状とサイズ、穴の形や哺乳瓶の大きさなどは、成長するにつれて変えていく場合もあります。子どもの様子を見ながら、保護者とこまめに相談して対応していきましょう。

プラスα
スプーンを使ってみよう

そろそろ離乳食かな、という頃になったら、スプーンを使って、湯冷ましなどを与えてみましょう。また、家庭で母乳を飲んでいる場合、哺乳瓶による授乳になかなかなじめないことがあります。その場合もスプーンを使用してみるとよいでしょう。

こんなときには…
どうしても飲んでくれません

体調に問題なし、ミルクの量、温度、授乳時間も適切、いつもと同じ保育者がいつものように飲ませているのですが、何をやっても飲んでくれません。

家庭での飲ませ方を改めて確認して

家庭でだれがどのように飲ませているのか、変わったことはなかったか、乳首の形状やサイズ、ミルクの温度、抱き方などを再度聞いてみましょう。乳首を嫌がるようならスプーンを使ってみても。

食事

● 5か月〜1歳3か月頃

食べることに興味をもたせる

食事は楽しい時間だと思えること、自分から「食べたい」と思えることが一番。子どものペースに合わせ、焦らずに進めましょう。

環境構成

食べることに集中できることが大切
・食事に集中できるよう、パーテーション等でスペースは仕切っておく。
・食事の量、固さ、大きさなどは個人の発達に合わせて対応する。

ことばかけ
「おいしいね」
「あーん」

パーテーションや棚で仕切る
遊んでいる子どもやおもちゃが目に入ると、食事に集中できません。仕切りをして見えない工夫を。

背当てを用意
姿勢を安定させると、食べることに集中できます。背中からおしりのラインがまっすぐになっているか背当てなどで調整します。

ふきんを用意
こぼしてもすぐにふけるように、近くにふきんを用意しておきましょう。

CHECK! 離乳食の始めどきは?

歯の生え方や大人の食事への興味、ミルクの量などを考慮し、保護者と相談のうえ開始します。はじめは栄養バランスのことよりも、食べ物に慣れることをねらいにしましょう。最初は1日1回。なるべく午前中を選びましょう。

「そろそろ園に相談しようかしら」

言葉かけで楽しく！

楽しい雰囲気づくりには、保育者の言葉かけが大切です。「にんじん、甘いね」と味わっている感覚や、「カミカミできてるね」とできたことを言葉にして伝えます。子どもが「食べてみたい」と思えるような声のかけ方を工夫しましょう。

時間をかけすぎないで！

食事の時間が長すぎると、飽きてきて、遊び食べにつながることがあります。食事の時間は20〜25分程度を目安にしましょう。おいしく楽しく食べることができればよしとし、食べきれなくても、無理強いすることのないようにします。

こんなときには…
手づかみでグチャグチャに…

手づかみで食べることは発達上大切な行為だと分かっているのですが、後片付けのことを思うと、つい途中からスプーンで与えてしまうことも。思う存分手づかみ食べをさせたいのですが…。

後片付けは工夫次第 食べる意欲を育んで

床にシートや新聞紙を敷いておけば、こぼしても後始末が楽です。ただし、遊び食べは×。汁物やご飯はスプーンで補助しながら、手の汚れないスティック野菜やパンを用意するなど工夫しましょう。

気を付けたい食物アレルギー

卵、乳製品、小麦、そば、ピーナッツは、特に注意したいアレルゲンです。初めて口にする食材は、先に家庭で試して反応を見てもらうようにします。アレルギー対策は、保育者と栄養士が中心となって園全体で対応しましょう。

食事

●10か月〜1歳6か月頃

スプーンなどを使い始める

1歳前後からスプーンなどを使い始め、自分で食べようとする気持ちが育ってきます。こぼしても指摘せずに、楽しい雰囲気を心がけて。

環境構成 ▸ **食事の時間は楽しい時間！**
・足が床にしっかりつくようにし、落ち着いて食べられるようにする。
・一人一人のそしゃく力に合わせて、食べ物の固さや大きさを調整する。

ことばかけ
「自分で食べられたね」

スプーンを使い始める
スプーンを使って食べるようになりますが、まだまだ手づかみと合わせて食べています。

歯が12〜16本
乳歯が生えそろい、そしゃく力がついてきます。口を閉じてモグモグしながら食べる時期です。

コップで飲む
お茶や牛乳などを、コップで飲めるようになります。安定がよく割れにくいコップを用意しましょう。

CHECK! スプーンの持ち方は体の発達に合わせて

最初はスプーンの柄を上から握る持ち方、2歳くらいになると柄を下から握るようになり、徐々に鉛筆を持つような形になっていきます。

上握り → 下握り → 鉛筆持ち

自分で食べたい気持ちを尊重しながら援助しよう

　食べることに関しては、個人差が大きいものです。好き嫌いをしないことや残さず食べることを目指すのではなく、食が細くても、子ども自身の「食べたい」気持ちを尊重して、楽しく食べられるよう援助しましょう。

Lesson 2　生活習慣の自立を支えよう

プラスα

❶ 指先の発達を見極めるおもちゃ

　スプーンを持ち、すくったり口へ運んだりするには、指先や手首を微細に動かさなければなりません。指先の発達を促すためにも、ふだんから手指を使う遊びを取り入れるとよいでしょう。ビーズ落としやふたの開け閉めをするようなおもちゃなどが向いています。

❷ おもちゃとしてスプーンに親しむ

　砂をスプーンですくったり、ビーズをスプーンですくって容器に移し替えたり、ままごとで使うなど、スプーンを使う遊びをたっぷり行いましょう。おもちゃとしてスプーンに親しむ経験が、食べるときにも生かされます。

こんなときには…
遊び食べが増えてきました

　離乳食に慣れてきましたが、この頃は食べ物をつぶして遊んだり、おもちゃを取りに行こうとしたりなど、食事に集中できないことがたびたびあります。なにか対策はありませんか。

 食事を切り上げる瞬間を見極めて

　食べ物を指でつぶしたり、触ったりするのは、食材との出合いの確認とも言えますが、食べる意欲が低下していることもあります。遊び始めたら、切り上げてごちそうさまにしましょう。

食事

● 2歳頃〜

楽しい雰囲気づくり

自分の苦手な物でも、友達が食べていればつい食べてしまうことがあるように、食事の雰囲気は大切です。明るくなごやかな雰囲気づくりを。

環境構成

食べる意欲をどんどん育んでいこう
・食べたいときに食べられるように、個人の生活リズムを把握する。
・楽しくワクワクするような雰囲気づくりを工夫する。

ことばかけ

すごいね、食べられたね

好みが出てくる
苦手な食べ物も、調理方法を変えると食べることがあります。栄養士や調理スタッフと相談しましょう。

スプーン、フォーク、食器の使い方を覚える
メニューによってスプーンとフォークを使い分けたり、食器を持ち上げたり片手を添えたりして食べるようになります。

子ども同士で姿を見合う
友達を意識し始め、「〇〇ちゃん残してる」などと言ったり、真似をしたりする姿が見られます。

背もたれや足置き台で調整する
背中はまっすぐ、足の裏は床にしっかりつくように、背もたれ用のクッションや足置き台を利用しましょう。

まずは少ない量から徐々に増やして

　かむ力や食べる速さは個人差が大きいので、まずは少量を盛り付けます。食べ終わったら、「お皿が空っぽになったね、よく食べたね。もう少し食べられる？」とおかわりを促してみましょう。

食事のマナーを伝えよう

　2歳くらいになったら、「いただきます」「ごちそうさまでした」のあいさつ、食器に手を添える、口に食べ物を入れたまましゃべらない、ごはん粒を器に残さずできるだけきれいに食べるなど、初歩的な食事のマナーを少しずつ伝えていきましょう。

こんなときには…
好き嫌いが多く困ります

　好き嫌いが多く、食が細い子どもがいます。栄養が十分にとれているか心配です。なんとか食べてほしいのですが、うまくいきません。どのように対応すればよいのでしょうか。

 無理に食べさせるのはやめましょう

　「あと一口だけ」と無理やり食べさせるのは逆効果。好き嫌いをなくそうと必死になるより、今食べられたことを認め、「おいしかったね」と食べる喜びを感じることを優先させましょう。

箸への興味がわき始める

　2歳くらいになると、箸を使いたがる子どもも出てきます。しかし、2歳ではまだ難しく、フォークのように使ったり、ひっかけて麺類などを食べたりする場合も。手や指先などの発達に合わせて持たせるようにしましょう。振り回さないなどの約束事もしっかりと。

❶ 鉛筆のように箸を1本持つ

❷ もう1本の箸を親指の付け根と薬指の先ではさむ

先を揃える　　下の箸は動かさない

❸ 上の箸だけ動かす

排泄

● 0か月〜2歳頃

オムツを替える

オムツ替えは、一人一人の排泄のタイミングに合わせて行うのが基本です。保育者と1対1で向き合うスキンシップの場としても大切にしましょう。

環境構成 清潔なオムツ替えスペースを確保しよう
・オムツ交換台は清潔に保ち、汚物の処理の仕方は職員間で共通認識をもつ。
・子どもも保育者も落ち着いて交換できるよう、活動の場から離す。

ことばかけ
「きれいにしようね」
「気持ち良くなったね」

優しく寝かせる
「チッチ出たね、オムツ取り替えようね」などと声をかけ、おしりからそっと寝かせます。

オムツ交換の後は手洗い、消毒をする
手袋を着用してオムツ交換をし、使用後の手袋は適切に処分し、手洗いと消毒を忘れずに。

必要な物は近くに用意しておく
スムーズに交換できるように、おしりふきなどはそばに置きましょう。

CHECK! 月齢ごとの排泄を知ろう

6か月未満
・膀胱に尿をためておくことができない。
・昼夜関係なく、おしっこが1日に10〜20回出る。
・「きれいにしようね」と言葉をかけながらオムツを交換する。

6か月〜1歳3か月未満
・1日の排尿回数は8〜15回程度。
・膀胱にある程度尿をためておくことができるようになる。
・「おしりが上げられたね」など、子どもの働きかけを促すような言葉をかける。

1歳3か月〜2歳未満
・1日の排尿回数は10回程度。
・膀胱にためておける量が増え、排尿間隔が2〜3時間ほどになってくる。
・おしっこに行きたい素振りが見られたら「トイレに行こうね」と声をかける。

大切！ オムツ交換の手順を覚えてスムーズに行おう

Lesson 2 生活習慣の自立を支えよう

① 新しいオムツを広げ、その上に子どもを寝かせる。

② 汚れたオムツを開き、おしりふきなどでおしりをふく。女の子は尿道などに汚れが入らないように、前から後ろへふく。

③ 両足首をそっと持ち上げ、おしりの下に手を入れて、汚れたオムツを外す。

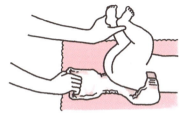

④ 新しいオムツを着けて、おなか周りにゆとりがあるか確認し、足の付け根のギャザーを外側に出す。

※布オムツの場合は、家庭で用意するものや持ち帰り、洗濯方法などについて園の方針を説明しましょう。

排泄の間隔や量を確認して次のステップへつなげよう

オムツ交換の時間や、排泄物の量、状態は、毎回記録して、保護者と情報を共有しましょう。「便がゆるかった」などを把握していれば、体調の変化を察知することができます。また、排尿間隔を把握することで、トイレトレーニング開始の目安にもなります。

ベビーマッサージや触れ合い遊びを入れて

オムツがきれいになったら、足の曲げ伸ばし、胸やおなかをなでおろす、おへその周りをクルクルなでるなど、簡単なマッサージをして遊びましょう。スキンシップは子どもの心を安定させてくれます。

63

排泄

● 1歳3か月～2歳6か月頃

オムツからトイレへステップUP

1歳頃から、おしっこが出た感覚やおしっこがしたい感覚が分かるようになります。子どもの出すサインを見逃さないようにしましょう。

環境構成 一人一人の排泄の間隔をチェック
・オムツ交換をしたら記録し、一人一人の排泄間隔を把握する。
・トイレでの排泄や便器に座ることに少しずつ慣れる。

ことばかけ
「うんち出たかなー」

排尿を知らせるサイン
「あーあー」と声を出したり、泣いたりすることで、排尿したことを伝えるようになります。

排便を知らせるサイン
遊んでいるときに急に動きが止まる、物の陰でじっとしているなどは、大便の可能性が大です。保育者は気付いたら声をかけましょう。

CHECK!　自分からオムツ交換に協力するように

オムツ交換時におしりを持ち上げたり、トイレの順番を待っている間に自分でズボンを脱いだりなど、排泄に積極的な姿が見られるようになります。そのサインを受け止め、次のステップへと移行させていきます。

Lesson 2 生活習慣の自立を支えよう

こんなときには…
オムツ替えを嫌がる子には

成長とともに動きが活発になり、オムツ替えのときにじっとしていないことが多くなってきました。取り替えている途中で、足をバタバタさせたり、動き回ったりして大変です。

 声をかけながら手早く替えて

「オムツを取り替えるよ、すぐ終わるからね」「気持ちいいね。さっぱりするよ」などとやさしく声をかけるようにしましょう。保育者はできるだけ手早く取り替えることが大切です。

保育者間の連携がカギ！

トイレトレーニングを始めるタイミングは、子どもの心身の発達と保護者の意向を考慮する必要があります。午睡明けにオムツが濡れていないかなど、そろそろ始めてもよいかなと感じたら、まずは時期や進め方などを担任同士でよく話し合いましょう。

そろそろですかね

 家庭との連携

開始時期の相談は園と家庭で情報共有をしながら

トイレトレーニングは、家庭と園が協力し、共通意識のもとで行うことが大切です。時期についてはよく話し合い、互いに納得したうえで始めましょう。家庭での排泄の様子もよく聞いて、園での参考にしましょう。

行きたくなるトイレにしよう

子どもがトイレに喜んで行けるように、汚れや水けはこまめにふいて、清潔に保ちましょう。便座に座ったとき「ヒヤッ」とするのを防ぐためにカバーを付けたり、床にマットを敷いて滑りにくくしたりなど、心地よさや安全面にも配慮したトイレづくりを。

排泄

排泄の自立へ
● 1歳6か月～3歳頃

トイレトレーニングが本格的になる時期です。最初はタイミングが合わないかもしれませんが、保育者はいつでも温かく受け止めましょう。

環境構成 トイレに慣れるよう清潔で楽しい場所に
・まずはトイレに行くことに慣れ、次に便座に座ることに慣れる。
・清潔で温かいトイレ、使いやすいトイレ環境をつくる。

ことばかけ
「すっきりしたね」
「やったー！もうお兄ちゃんだ」

動物の絵などを貼る
動物やキャラクターの絵を貼って、親しみやすい雰囲気のトイレに。

掃除の行き届いた清潔なトイレ
いつも掃除がされていて、だれが入っても気持ちのよいトイレを保ちましょう。

着替えスペースを用意
ズボンやパンツを着脱する際、座って行えるように高さ10cmぐらいの台を用意するとよいでしょう。

トイレットペーパーは1回分ずつ用意する
トイレットペーパーは1回分ずつ切ってたたみ、かごなどに入れておくと使いやすくなります。

CHECK! トイレトレーニング開始の目安となるサイン

立つ、座るが一人ででき、午睡明けなどにオムツが濡れていない、言葉で排尿を知らせることがあるなら、トイレトレーニングを始めてもよい時期です。

1. 排尿が2時間以上あく
2. 歩行が安定する
3. おしっこサインを出す
4. 1回の尿の量が増える
5. 午睡後オムツが濡れていない

生活リズムの中でトイレの習慣を

遊びや散歩の前後、午睡の前後、おやつの後など、園生活の活動の節目でトイレに誘いましょう。「トイレに行ってから散歩に行こうね」と自然な流れで誘っているうちに、活動の前に自分から「トイレに行ってくる」という習慣になっていきます。

できたときにはとにかくほめる！

「チッチ、出る」と教えてくれたときや、トイレで排泄できたときはすかさずそのことを認め、ほめましょう。もし間に合わなくても、「先生に伝えられてえらかったね」と事実を認めることが大切です。

こんなときには…
何度も失敗してしまう

ギリギリまでがまんしているようで、間に合わないことが多かったり、「出ない」と言ってはオムツに逆戻りする子どもがいます。対応の仕方が悪いのでしょうか。

失敗しても「大丈夫」と明るく

トイレでできなくても、決して責めないことが大切です。タイミングが合わなかっただけなので、「残念だったね」「先生も気付かなくてごめんね」などと温かい言葉で次回へつなげます。

家庭との連携
その子なりの進め方で

長期休暇の間にオムツに戻ったり、体調不良でオムツを使っていたりすると、「なかなか外れない」と不安に思う保護者もいます。保育者は、保護者の不安を受けとめ、他の子どもと比べることなく、その子のペースに合わせて進めればよいことを伝えましょう。

着脱

● 0か月〜1歳6か月頃

衣服を着替えさせる

1日に1回は保育者に着替えさせてもらう0歳児。着替えは、清潔な衣類を身に付ける習慣と、身だしなみを整える第一歩です。

環境構成

スキンシップしながら決まった場所で安心感を
・ベビーベッドやマットの上などで、優しく言葉をかけながら行う。
・スキンシップをしながら、全身の健康チェックもする。

ことばかけ
「汗かいたね。お着替えしようか」

着替えやすく、動きやすい衣類を用意
柔らかい素材、体をしめつけないサイズ、前開き、縫い目などが少ない衣類を用意してもらいましょう。

なるべく同じ場所で行う
いつも同じ場所で着替えることによって、「ここは着替えるところ」だという感覚が身に付いていきます。

生活リズムに合わせて着替える
遊ぶ、食べる、眠るなどの生活リズムができてくるので、そのタイミングで着替えると子ども自身も着替えを意識できるようになります。

CHECK! 服の枚数はなるべく少なく

子どもは想像以上に暑がり。室内では肌着の上にもう1枚着るくらいでOK。気温を感じ、体温調整することは自律神経の働きも高めます。

● **3か月まで**
大人の着ている枚数と同じ

● **4か月〜1歳頃**
大人と同じか、大人より1枚少なめ

全身の様子をしっかり観察しよう

着替えをするときには、全身の様子も確認しましょう。ブツブツができていないか、かきむしったような跡がないか、あざなどがないか、毎日ていねいに見ることによって「いつもと違う」ことに気付くことができます。気になることは保護者にも報告しましょう。

しめつけない、動きやすい服に

家庭との連携
乳児の着心地がよい衣類にしてもらう

0歳児の衣類は、汗をよく吸収し、肌触りの優しい綿100%の素材がよいでしょう。はらばいになったときや、手足をばたつかせたときに動きやすく、着脱がしやすいシンプルなデザインのものがおすすめです。クラスだよりなどを通して保護者へ知らせましょう。

プラスα
ベビーマッサージでスキンシップ！

足全体をなでたり、おなかをクルクルとマッサージしたりなど、肌と肌の触れ合いは子どもの情緒を安定させてくれるものです。まだ言葉を話せない0歳児でも、保育者の優しい手触りは心地よい刺激になります。リズミカルに言葉をかけながら行いましょう。

● 足や腕を曲げのばし

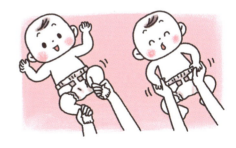

● 背中から足先へ

注意 着脱するときには脱臼に気を付けて

腕や足を無理に引っ張ると、関節がずれて脱臼することがあります。肘や膝は曲げたまま、衣類のほうを体に合わせながら着脱しましょう。

マッサージは特別な方法でなくても、体の中心から外側になでるだけでも気持ちがよいでしょう。

着脱

● 1歳3か月〜2歳頃

自分でやる気持ちを促す

靴下を引っ張ったらたまたま脱げておもしろかった……小さなきっかけで着脱に興味をもち始める時期。やる気を引き出す援助を。

環境構成

着替えが楽しくなるような工夫を
・「着替えようね」とこれから行うことを言葉で伝える。
・ロッカーには各自のマークを貼るなど、分かりやすくする。

ことばかけ

> できた！
> あんよでるかなー？

発達に合わせた援助や言葉かけを
ハイハイやたっちの時期など、子どもの発達に合わせて、無理のない姿勢で着替えを行います。

自分で着替えている感覚になるように
ズボンを途中まで引き上げて、最後におしりを入れるときだけ子どもが引っ張るなどして、「自分でできた」体験を重ねるようにしましょう。

時間をかけすぎない
「自分で！」と着替え始めたものの、時間がかかりすぎると嫌になってしまうことも。様子を見てさりげなく援助しましょう。

CHECK！　自分でやりたい気持ちが行動に

着ることよりも、脱ぐほうがラクなので、最初は靴下やズボンを自分で脱ぐことが多くなります。「脱げたね」とできたことを認め、満足感を得られるようにします。自分でやりたい気持ちを尊重し、見守りましょう。

やる気を引き出す援助を心がけて

顔を出すときに「バアッ!」、「あんよがトンネルに入ったよ」など、子どもが楽しく着脱できるような言葉かけを工夫しましょう。最後に引っ張るところを一緒に行ったり、最後だけ子どもが引っ張ったりしても、自分でできた気持ちをもつことができます。

 家庭との連携

着やすい・分かりやすい衣服の準備をお願いしよう

保護者にも子どもが自分で着脱をするようになってきたことを伝え、着脱しやすい衣服を準備してもらうようにします。複雑なデザイン、薄手でピッタリとしたレギンスなどは一人で着ることが難しいため、自宅で着てもらうようにお願いしましょう。

名前の記入やロッカーの整理を

子どもは着替えの一連の流れが理解できてきます。ロッカー内は整理された状態を保つように保護者にも呼びかけましょう。また、似たような衣服も多く、取り違えも多くなります。必ず記名してもらうなどお願いすることが大切です。

こんなときには…
自分でまったく着脱しない

着替えるときになると、暴れて嫌がり、走って逃げてしまう子どもがいます。また、自分ではまったくやろうとせず、保育者におまかせの子どもも。やる気を引き出すにはどうすれば…。

 無理にやらせるのはNG

「着替えておやつを食べよう」「かっこいい服に着替えよう」など、「ぼくも着替えたい」と思えるような言葉かけを工夫しましょう。「〇〇くんは、一人で着替えられるんだね」と友達の姿を伝えるのも刺激になります。

着脱

● 1歳6か月頃〜

自分で着脱することを支える

指先が器用になり、ボタンにも挑戦します。自分でやりたい気持ちを尊重し、時間がかかってもやりとげた達成感を味わわせましょう。

環境構成 — 自分で！ を満たす環境
・手足が入れやすいよう、子どもが着やすい方向に衣服を置く。
・ズボンをはくときの台を用意する。

ことばかけ

「できたね！」

やろうとした行為をほめる
上手にできた、できないではなく、自分で着替えようとしたこと自体が大きな一歩。「できたね」と認める言葉をかけましょう。

友達の姿を見つめる
この時期の子どもは真似が大好き。友達がしていることをじっと見て、やりたくなって真似をします。

着替え台を用意
パンツやズボンをはくときは、腰かけた姿勢のほうがはきやすいでしょう。高さ10〜15cmくらいの横長の台を手づくりしても。

CHECK! やりたくなる援助ポイント

ズボンならウエストを子どものほうへ、Tシャツなら裾を子どものほうへ置くと、着やすいでしょう。「どれを着る？」と子どもが着たい衣服を選ぶのも自分で着るきっかけになります。

● 着やすい向きに用意する

● どの服を着るか選ばせる

遊びの中で着脱を楽しく！

　ボタンの留め外しがスムーズにできるのは3〜4歳くらいなので焦る必要はありませんが、遊びに取り入れて経験するのもよいでしょう。ボタンかけおもちゃをつくったり、着せ替え遊びをしたりすると、自分の着脱も楽しく、親しみがわきます。

片付けにもつなげよう

　自分のマークが貼ってあるロッカーから衣服を出し入れする、自分のフックにタオルをかけるなどは、毎日繰り返すことで自分の物は自分の場所へという基本を身に付けていきます。また、出したらしまうことも覚えていきます。

こんなときには…
「やって」「自分で」を繰り返す

　「自分で！」と言い張るときもあれば、「やって」「できない」と甘えてくることもあります。自分でできるのだから、一人で着替えてほしいのですが、手伝ってもよいのでしょうか？

甘えたい気持ちを受け止めて一緒に

自分でやりたいと主張しますが、まだまだ甘えたい年頃です。そのつど子どもの願いを受けとめましょう。どんな思いも受け入れてくれる保育者がいるからこそ、安心して自立できるのです。

プラスα
服をたたむ＆靴をはく

　着脱がある程度できるようになったら、脱いだ服をたたむことも伝えましょう。簡単なたたみ方を保育者間で決めておきます。また、自分で靴をはく練習も始めましょう。口が大きく広がり、面ファスナーで留めるタイプの靴が向いていることを保護者にも知らせます。

● 服のたたみ方

● 着脱しやすい靴

清潔

●0か月〜1歳6か月頃

気持ちよさを伝える

「清潔にすることは気持ちがいい」という感覚は、生きていくうえで大切です。小さいうちからていねいに伝え、育てていきましょう。

環境構成

快・不快がわかるように
・「オムツを替えると気持ちがいいね」など、そのつど言葉で伝える。
・保育室はいつも清潔で整理整頓された状態を保つ。

ことばかけ
- きれいになったね
- 気持ちいいね

「気持ちよさ」を言葉と共に
食事前の手ふきや鼻水が出たときの鼻かみは、清潔の意味が子どもにも分かるよう「きれいになったね」など言葉を添えましょう。

母体からの免疫が切れる時期
6か月頃からは、病気にかかりやすくなるので、着替えや鼻水の処理など、基本的な清潔の習慣を徹底して予防しましょう。

身の回りのものは清潔に保つ
寝具やおもちゃなど子どもが直接触れるものが多いので、衛生管理をしっかりと行いましょう。

CHECK! 毎日の生活で繰り返す

体を清潔に保つ習慣は、毎日繰り返すことが大切です。その際「きれいになったね、気持ちがいいね」と感じていることを言葉にし、伝えることで、きれいイコール気持ちがいいということが理解できるようになります。

- ●顔…温かいタオルでなでるようにふきます。
- ●髪…沐浴やシャワーの後はくしで整えます。
- ●鼻…鼻水が出ていたらふきましょう。
- ●つめ…曜日を決めて切ってもらうなど保護者に伝え、伸びすぎを防ぎます。
- ●歯…生えてきたら、食後にガーゼでふきます。

食事の前後はタオルできれいに

　まだ水道での手洗いは難しいので、濡らして硬く絞ったタオルで「お手々ふこうね」とよくふきます。手のひら、指の1本1本をていねいにふきましょう。終わったら「さっぱりして、気持ちがいいね」と言葉をかけて。

身の回りのものは衛生管理を徹底！

　おもちゃの消毒や、布おもちゃの洗濯、寝具の日光消毒など、子どもが毎日触れるものの衛生管理は、園のやり方を聞きながら行うことが大切です。保育者間で共通意識をもってきちんと行いましょう。

 ### 保育者、保護者も手洗いと消毒をしっかり

　6か月未満児の保育室への出入りの際は、保育者も保護者も手洗いとアルコール消毒することを知らせ、必ず行うように促します。保育者は、オムツ交換後や食前の手洗い、消毒を忘れずに行いましょう。

CHECK! 小さな変化を見逃さないで

　子どもの健康管理は、保育者の大切な役割。体調不良にいち早く気付くには、子どもの普段の様子を知っていなければなりません。体温や機嫌、食欲、排泄などをよく見て、「いつもと違う」と思ったら先輩保育者に相談を。

清潔	● 1歳6か月頃〜

「きれい」になる、するを意識させる

きれいになって気持ちがいい、汚れていると気持ち悪いという感覚は、保育者が積極的に言葉で表すことによって、実感できるようになります。

環境構成 　**自分でできる環境を整えよう**
・自分で手が洗えるように、流しの前に踏み台を置く。
・感染症の時期は、流行に応じて衛生面に配慮する。

きれいに
なったね

タオルかけには自分のマークを
年齢に合わせてタオルかけの高さを調整します。持ち運べるタイプが便利です。タオルは替えも数枚用意して、湿ったら取り替えましょう。

踏み台などを用意
水道に手が届かない場合は、踏み台を用意します。牛乳パックに詰め物をしてつなげた手づくりでも十分です。

手ふきに注意
インフルエンザなどが流行っている時期は、タオルの雑菌が付着しないように、使い捨てのペーパータオルを使うことが望ましいです。

CHECK! 鼻かみの仕方

子どもの後頭部に保育者の片手を添えて支えます。ティッシュを鼻に当てて、片方の鼻の穴を軽く押さえ、「お鼻をフーンてしてごらん」と片方ずつ出させます。きれいになったか鏡で確認しましょう。

片方ずつ軽く「フンッ」ね

活動の流れに合わせて習慣化

　基本的な生活習慣として、遊びの後、食事の前、排泄の後の手洗いは身に付けましょう。活動の流れに合わせて、「手を洗ってから食べよう」などと声をかけ、保育者も一緒に行います。「気持ちいいね」「きれいなお手々で食べられるね」と清潔のよさを伝えて。

CHECK! 2種類のうがい

　プクプクうがいは、水を口にふくませ、ほおをふくらませたり元に戻したりを繰り返すうがいです。保育者が手本を見せ、最初はほおに水を入れて吐き出す練習を。ガラガラうがいは水を口に入れたら上を向いて口を開け、「あー」と声を出しながら行います。

歯みがきの習慣を身に付けよう

「お口の中にばい菌がいると、虫歯になってしまうよ」と、歯みがきをする意味を伝えながら、習慣付けていきます。家庭でのやり方を聞いたうえで、最後の仕上げみがきは保育者が行いましょう。歯ブラシの衛生管理には注意が必要なので園で徹底します。

プラスα

鏡、ティッシュ、ゴミ箱の3点セット

　鏡、ティッシュ、ゴミ箱は保育室に常備しておきましょう。鏡を見て鼻水が出ていることを確認する、ティッシュでふく、汚れたティッシュをゴミ箱に捨てるという流れを、スムーズに行うことができます。自分でできるようになる環境構成が大切です。

睡眠	●0か月〜2歳頃

心地良い眠りのために

よく寝る子ども、眠りが浅い子どもなど、睡眠にも個性があります。一人一人の睡眠リズムやクセを把握することが大切です。

環境構成

落ち着いて眠れるように整える

・遊びのスペースとの間にはパーテーションなどで仕切っておく。
・個人の睡眠リズムに合わせて、眠りたいときはいつでも眠れるようにする。

ことばかけ
「ねんね しようね」

夏は室温25℃、冬は16〜20℃
心地良く過ごせるような気温、適度な湿度を保ちましょう。暗くする必要はなく、カーテンで軽く遮光すればOKです。

寝具は固めを用意
寝返りをしたときでも呼吸ができるように、マットは固めのものやメッシュ状のものが向いています。子どもの周囲には何も置かないようにしましょう。

BGMやアロマの使用も○
オルゴール音のBGMや、眠りを誘う香りをほのかに漂わせるのもよいでしょう。睡眠中は保育者が必ず見守り、呼吸を確認します。

CHECK! 5〜10分おきに確認！

睡眠中は保育者が必ず見守り、呼吸をしているかどうか5分おきに確認します。うつぶせになっていたら仰向けに戻し、毛布やタオルが顔にかかっていないか、ミルクを吐いていないかなども確認を。

SIDSとは？
乳幼児突然死症候群のことで、健康な乳児が寝ている間に突然死亡する病気です。睡眠中は絶対目を離さないで。

●**原因のひとつとして**
・うつぶせ寝
・布団が顔にかかる
・やわらかい寝具　など

●**園で注意すべきこと**
・呼吸の確認
・あおむけ寝にする　など

🏠 家庭との連携

一人一人のリズムを把握しよう

　月齢や子どもの生活リズムによって、睡眠時間や間隔は異なります。就寝時間、起床時間、夜泣きの様子などは連絡帳で毎日確認しましょう。体調や夜泣きによっては、登園後まもなく眠くなることもあります。その欲求に応えられるように、寝具は整えておきます。

プラスα

家庭を感じさせるグッズで安心

　特に入園直後の子どもは、寝るときにいつも抱いているぬいぐるみ、タオルなどがあるときは、用意してもらうと安心して過ごせます。寝入ったら外すようにしましょう。また、背中をトントンされながら眠るのかなど、睡眠時の習慣を聞いておくと、保育者の対応の参考になります。

こんなときには…

すぐに起きてしまう子への対応

　ドアを開け閉めする音、隣で寝ている子どもの声などですぐ目覚めてしまうことがあります。眠りが浅く、すぐ目覚めてしまうときはどうすればよいでしょう？

 スキンシップを大切に優しく言葉かけを

　子どもによってよく眠れるシチュエーションがあるはずなので、よく考えて工夫することが大切です。目覚めたときは、すぐに寄り添って安心させ、優しく声をかけましょう。成長とともによく寝るようになります。

なかなか眠りにつけません

　寝付きが悪く、眠りに入るまでとても時間がかかる子どもがいます。眠くないのかというとそうでもないようなのですが、まどろんだと思うとパッチリと目を開けたり、泣いたりすることもあります。なにかよい対策はありませんか？

活動を見直しつつ無理せず切り上げて

　午前中あまり動いていない、体調が悪いなど、眠れない理由を探り、思い当たることがあれば改善を。無理に寝かそうとせず、起こしておいて様子を見守るなど臨機応変に対応しましょう。

睡眠

● 1歳頃〜

睡眠で休息をとるためには

生活習慣は、食事と睡眠のリズムが整うことが大切。乳児のうちからメリハリのある生活で、規則正しい生活の基礎をつくりましょう。

環境構成　深く眠れる環境を整える
・ぐっすりと眠れるよう、適度に体を動かすようにする。
・室温、湿度、明るさなど、心地よい環境づくりを心がける。

起きてしまった子への対応
保育者がすぐに寄り添い、スキンシップや声かけを行います。まずは安心させることが大切です。

汗の出方や眠る姿をよく見る
子どもによっては寝汗をびっしょりとかいていることも。頭にタオルを当てたり、背中にタオルを入れたりしましょう。

室温を確認
子どもは大人よりも体温が高めです。掛け布団などと合わせて室温を調整しましょう。

5〜10分おきに変化がないか確認
0〜2歳児クラスの午睡で、最も注意しなければならないのがSIDSです。保育者は常に見守り、呼吸の確認を。

寝る子どもの位置に配慮
布団で寝る場合、隣の子どもと重なったり布団から落ちたりしていないか注意しましょう。

CHECK!　午睡時間の目安

0〜2歳児の午睡は、0歳児は午前と午後の2回、1歳児を過ぎたあたりから午後1回になります。個人差があるので、園のスケジュールに当てはめようとするのではなく、子どもの欲求に応じましょう。

- 0歳児 → 午前と午後の2回
- 1歳児 → 午後1回 2〜3時間
- 2歳児 → 午後1回 1時間半から2時間

常に見守る態勢でいよう

　午睡中に連絡帳を書いたり、保育者同士で話し合いを行ったりするときも、子どものそばで行い、その際にも必ず子どもだけを見守る保育者を決めておきましょう。「〇〇さんが見てくれていると思っていたのに」ということがないよう、責任感をもって。

午睡までの流れをルーティン化すると○

　寝る前にトイレへ行き（オムツ交換）、読み聞かせの後、布団に入るなど、同じパターンをくり返すことで、「眠る時間だ」と心の準備ができ、安心して眠ることができます。また、遊ぶものが目に入らないようにするなど環境の工夫も大切。

こんなときには…
眠れないからと騒いでしまう

　友達と寝るのが楽しいのか、いつまでもふざけている子どもがいます。眠っている子どももいるので、つい「早く寝なさい！」と大きな声で怒ってしまうのですが、どうすれば……。

「あっちで静かに遊ぼうか」と声かけ

遊び足りない、遊び過ぎて興奮している、など寝付けない原因を探りながら、「みんなが起きちゃうから静かにしようね」と話します。無理強いせず、静かな遊びをさせるなどして様子をみても。

静かに過ごせるスペースを用意して

　静かに横になっているだけでも、体は休まります。どうしても眠れないときは、部屋を変え、ぬり絵や絵本、ソフトブロックなど静かに遊べるものを用意しましょう。眠れない日が何日も続くときは、保護者と相談して、睡眠時間を見直しましょう。

> 乳児クラスで取り入れたい！

column 生活習慣の環境構成アイデア

生活習慣を身に付けるためには、子ども自身が見通しを持てること、動線がスムーズであること、など様々な工夫が必要です。ポイントを押さえて自立につなげましょう。

正しい姿勢で食べることに集中！

食事に時間がかかるなど、なかなか集中できない子は、食べる姿勢が安定していないことも。背当てなどを用意して、イスや机の高さを確認しましょう。

空間を分けることで安心感を与えて

個人差や生活リズムによって、深く眠れる子、早くに目が覚めてしまう子など様々。仕切りをして環境を分けるなど、安心して過ごせるよう対策を。

やる気を引き出すさり気ない援助

生活習慣の中でも自分でできた達成感を感じやすい着脱。着替えやすい低めの台を用意する、服の向きを着替える方向に並べる、などちょっとした工夫を。

自分で！の気持ちを伸ばす援助を

一人で着替えようとする、など何でも自分でやりたい時期。子どもの動きを予測し、見守ることも大切です。ただし、サインが出たら見逃さずに援助するように。

繰り返し行うことで自然と身に付くように

食事前に手をふく、オムツ替えや着替えのときに「気持ちがいいね」と言葉を添える、など0歳児から清潔の大切さを伝えることで主体的に行えるように。

子どもの見通しを妨げない言葉かけ

子どもはよく観察し、考えています。保育者の動きを見て「そろそろご飯だな」と見通しを立てている子に対し「ご飯よー！」などと大声で言う必要はありません。

Lesson 3

心の育ちを知ろう

「心の育ちを知ろう」その前に
信頼関係と安定した生活で心を豊かに育もう

心の育ちのためには担当制を正しく理解して

子どもがもう一つの家庭として園で安心して過ごし、成長していくために、保育者はとても重要な存在。第一に保育者が愛着の対象になれているか、そのためにも乳児保育は積極的に担当制を取り入れたいものです。まずは担当制を正しく理解し、保育者間で情報を伝え合うことで、子どもとの関係が密になります。

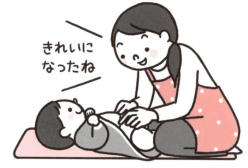
きれいになったね

担当制とは…

担当する保育者がその子どもの状況や情報（発達や家庭環境、好きなもの、クセなど）を一番よく理解し、把握しているということ。主に生活習慣に関わる身の回りの援助を行うことで、その子どもと信頼関係ができている様子（新学期直後は除く）。

A先生 グループ1
B先生 グループ2
C先生 グループ3

月齢の近い子どもでグループ分けすると発達が見やすくなります

POINT
- 子どもの状況を一番理解している（発達、家庭の状況も把握している）
- 生活上の介助を主に行う

✘ これは担当制ではない！
「うちの園では1か月交代で担当するようにしています」
「その先生がいないと困るので、担当制はとりません」

心の発達とともに"自分"をつくっていく

「自分にとって大切な人」である大人との愛着関係から育っていく心の成長は、自我がめばえ始めると、「自分は大切な存在」と意識する自己肯定感へ結び付いていきます。保育者は、常に子どもの行動や気持ちを読みとり、受け入れられている安心感を与えましょう。その経験が他者を受け入れる力につながります。

心を受け止める保育者の存在

心の育ちの過程で、泣いたり、笑ったり、怒ったり、トラブルを起こしたり…様々な姿を見せる子どもたち。どんなときでも、その心を受け止めてくれる保育者の存在はかけがえのないものとなります。保育者は「なんでこんなことをしたのかな？」を出発点に、思い込みや偏見をなくし、専門性をフル回転して子ども理解に努めましょう。

相手の思いを徐々に受け入れようとする

信頼できる大人に受け入れられた経験を重ねることで、少しずつ友達の存在が気になり始め、友達の気持ちを分かろうとするようになります。しかし、まだまだ気持ちの理解も、それを伝える言葉も発達段階。友達とのトラブルはつきません。保育者はお互いの子どもの心を大切にした対応を心がけましょう。

愛着関係

●3か月〜1歳6か月頃

心を育む土台になる関わり

子どもの心が育つうえで、土台となる「愛着関係」。子どもの要求や思いを敏感に感じとって、援助できるかがカギとなります。

●「愛着関係」とは？

愛情を持って接してくれる身近な大人を、子どもが自分から選ぶこと

　愛着関係とは、「日常的な世話を通して形成される、特定の人との間に結ばれる心の絆」を表します。子どもが自分自身で愛着の対象を選び、意思表示し始めるのです。愛着関係の形成により、子どもは甘えながら人と関わる喜びを体験し、相手とのコミュニケーションの楽しさや心の安定を得ることができます。

愛着の対象として子どもに選ばれるには？

愛着の対象を選ぶのは子ども自身。それは突然決まるものではなく、毎日注がれる愛情やお世話を通じて「この人は自分にとって大切な人」と判断することから、徐々に関係性がつくられていきます。そのため、こうしてほしいという子どもの思いを素早く受け止め、適切に対応してくれる人こそが愛着の対象となっていきます。

こんなときには…

人見知りが始まり私にはなついてくれない

1歳児クラスの担任になったものの、子どもたちは0歳児クラスからの持ち上がりの先生ばかりになついていて、私が近づくと泣き出します。子どもにとって一番！な先生をめざすのは難しいのでしょうか。

第二・第三の愛着を目指して

一番になることより、子どもにとっては思いきり甘えられる存在が大切です。特定の先生がいないとき子どもは二番目、三番目の愛着対象を探すようになるので、その存在をめざしましょう。一人の保育者が抱え込みすぎることも防げます。

後追いが激しくて他の子が見られません

10か月のTくんは、私がどこへ行くにもハイハイで後追いします。一人で静かに遊んでいるときも、私がそっと他の子の対応をしていると、ハイハイで向かってきて大号泣。とても嬉しい反面、Tくんばかり見ることもできず、困っています。

愛着関係ができている証！

保育者にとっては嬉しいことです。Tくんはあなたを愛着の対象と認め「大切な存在」と感じています。できるだけTくんから姿が見える場所にいて、他の子の対応をするときは事前に「待っててね」と声をかけるなど、安心感を与えましょう。

泣く

● 0か月〜

思いを伝える言葉

「泣く」ことでさまざまな思いを伝えている新生児。何をしてほしいのか、その気持ちに寄り添うことから始めましょう。

「泣く」とは？

自分のしてほしいことや気持ちを伝える言葉

　子どもは「泣く」ことで周りの人の関心を自分に向け、さらに自分の思いを訴えかけています。オムツが濡れている、体調がよくない、抱っこしてほしい、など理由は様々ですが、次第に泣き方で理由が分かるように。大切なのは、思いを伝えようとして泣いている子どもを体ごと抱きしめ、泣く理由を知るよう努める姿勢です。

CHECK! 泣いているのはどんな理由から?

「泣く」理由はさまざまです。オムツが濡れたなどの生理的欲求はその不快感を取り除くことで治まり、抱っこしてほしいなどの心理的欲求はぬくもりを感じることで落ち着かせることができます。普段から、子どもの様子や生活リズムを把握しておくと、泣いたときの判断に役立つでしょう。

❶ 体調が悪い

❷ 生理的欲求（お腹がすいた、オムツが濡れているなど）

❸ 心理的欲求（抱っこしてほしい、遊んでほしいなど）

❹ 怖い・不安の感情が生まれて

泣く理由に応える姿勢でいよう

「泣く」理由がどんな理由であれ、まずはしっかりと抱きしめて、子どもの気持ちになって話しかけましょう。まだ言葉で表現できない気持ちを、信頼できる大人が「○○したかったのね」と言葉で返してくれることにより、さらに相手への愛着が深まります。次第に、自分の今の気持ちがこの言葉なのだと結びつけて理解できるようになり、その後の言葉の発達へとつながっていきます。

こんなときには…
何をしても泣き止みません

オムツを替えたり、抱っこしてあやしたり、思いつく限りの対応をしても泣き止みません。一人が泣き続けていると、他の子もつられて大合唱が始まってしまいます。少しでも早く泣き止ませたいのですが…。

ときには割り切りも必要

体調の異変や何らかの不安を感じていないか考えます。ただし、ときには、泣きたいだけの場合も。泣き止ませることに必死になるのではなく、割り切って気の済むまで泣かせることも大切です。しっかりと抱きしめ、優しい声での言葉かけや歌を忘れずに。

笑う

● 1、2か月頃〜

心と体を豊かにする笑い

赤ちゃんの笑顔は自然と周りも笑顔にします。大人も子どももたくさん笑い合える環境のなかで、心を豊かに育てていきましょう。

「笑う」とは?

コミュニケーション力を育む力になる

4か月頃に現れるあやされると反応して笑う「社会的微笑」など、子どもにとって「笑い」が人と人との関わりを楽しいものに感じさせるコミュニケーションの手段の一つになります。やがて、声を出して笑うようになると、発声する力が鍛えられて、言葉の獲得や気持ちの解放といった、心身の発達にも影響を与えるようになります。

笑いあふれる環境で、心を豊かに！

3か月を過ぎた頃から感情の幅が広がり、自分から笑いかけるようになります。保育者はたくさんの笑顔でそれに応えましょう。「笑い」にあふれた関わりから、子どもは愛情をいっぱいに感じ、自己肯定感が育っていきます。まずは、保育者自身が保育を楽しむこと。その姿が、人とのコミュニケーションの楽しさや笑い声を発するなど、子どもの心と体の成長につながるのです。

こんなときには…
おとなしい子がいます

11か月のRちゃんは、「いないいないばあ！」やふれあい遊びをしても、声を出して笑いません。まったく笑わないわけではなく、ニコニコした表情を見せるのですが、周りの子の反応と比べると少しおとなしい様子なので心配です。

1歳過ぎ頃まで焦らず見守って

子どもの性格は一人一人違うため、感情をあまり表に出さない子や愛想がない子もいます。表情が豊かでニコニコしている、喃語が出ているようなら大丈夫でしょう。ただし、忙しいと忘れがちになってしまう手がかからない子には意識して関わる必要も。

プラスα
歌や触れ合い遊びを取り入れて

子どもと大人が笑顔で関わり合うことで、心の通い合いが豊かになっていきます。触れ合い遊びや手遊び歌を取り入れて、どんどん笑顔を引き出しましょう。一緒に遊ぶ楽しさから、次第に笑い声がよく出るようになり、手足の動きも活発になります。「バタバタできて嬉しいね」など子どもの気持ちを言葉で表現しながら、たっぷりと笑い合いましょう。

喃語

コミュニケーションの第一歩

● 2か月〜8か月頃

「アー」「ウー」といった意味を持たない喃語(なんご)も、子どもにとっては大切な意思表示。積極的に応えることで結び付きが強くなります。

「喃語」とは？

人と関わる楽しさを知るコミュニケーションの手段

　2、3か月頃から機嫌の良いときに出るようになる「アー」「ブブー」といった音を「喃語」といいます。保護者や特定の保育者が話しかけたり、応えたりするとその反応をますます盛んに発するようになります。次第に「マンマンマン」など反復する喃語も出てきて、1歳頃に初語（初めての言葉）が出るようになります。

たくさん話しかけることで 喃語や反応が増えていく

「泣く」「笑う」といった行動とともに喃語は子どもにとってコミュニケーションのひとつ。優しく話しかけてくれる、伝えたいことを言葉にしてくれる、反応してくれる大好きな保育者の声を聞いて、同時に口の動きをじっと見つめて真似をします。子どもと目を合わせながら、積極的に語りかけることが大切です。

子どもと接するときは 表情＆表現豊かに

喃語に対して乏しい表情でただ反応するだけでは、子どもは楽しくありません。そばにいる保育者が豊かな表情とともに、明るく楽しい言葉かけをするようにしましょう。子どもたちは敏感に反応し、その表情や感性はぐんぐん豊かに育ちます。やがて、繰り返し出てくる身近な言葉を少しずつ覚えていきます。楽しい、嬉しいなどポジティブな言葉を意識して話すようにしたいものです。

こんなときには…

あまり喃語を発しません

10か月のAちゃんは「アーアー」などはいうものの、喃語を発する回数があまり多くありません。他の子と比べて保護者も気にしているようで、どういったことに注意して様子をみていけばよいでしょうか。

個人差があるので様子を見ましょう

言葉の遅れなどは、保護者からの質問に多くあがりますが、1歳前に喃語が少なくても、個人差があるため心配する必要はないでしょう。それよりも情緒が安定しているか、大人とのやりとりが楽しめているかなどの様子を見ることが大切です。

三項関係

●10か月頃〜

自分の興味を指さしで伝える

自分の興味の対象を相手に伝える「指さし」。同じものを大人と子どもが一緒に見ることで、共感し合える喜びを実感しましょう。

「三項関係」とは?

一つのものを子どもと大人が共有すること

子どもは次第に物の世界に関心をもつようになります。「自分と〇〇」だけだった二項関係から、「自分と大人」とで一つのものを共有するようになることを三項関係といいます。共有するものを伝えるために発達するのが「指さし」。指すことで自分の興味の対象を伝え、反対に相手が指さす興味の対象も理解するようになります。

大切！

興味の対象を見るときは子どもの伝えたい言葉を補って

子どもは自分が興味のあるものを見つけたとき、「あっあっ」など声を出しながら指さしで伝えます。そのときは、子どもが指さしした先を一緒に見ます。さらに「かわいいワンワンだね」などと共感しながら言葉を補うと、子どもは満足するように。どんどん興味のあるものを積極的に伝え、言葉も発達するようになるでしょう。

プラスα

ていねいな言葉選びでさらに理解を深めていこう

子どもが指さしたものを言葉で補うとき、単純に物の単語を言うだけでなく、子どもが何を伝えたいのか、どんなことが知りたいのか、状況や考え方をていねいに語るようにしましょう。できればポジティブな言葉や形容詞を付け加えることを心がけると、子どもは物や言葉に対する理解をさらに深めるようになります。

こんなときには…

読み聞かせが指さしで中断してしまう

指さしが盛んな1歳児クラスなだけに、読み聞かせのときはページをめくる度に何人も指さしをします。応えてあげたいものの、その度に中断するのはいかがなものでしょうか。

反応することで安心感を与える

言葉が少しずつ分かり始め、絵をよく見るようになるので指さしも増えるでしょう。指さしで伝えたい子どもの気持ちを「そうだね、〇〇だね」と受け止めることが大切です。ただし、場面によっては答えない場合も。様子を見ながら読み進めましょう。

● 1歳6か月〜2歳頃

自我のめばえ
自立しようとする心の現れ

「自分」の存在や気持ちに気付き、大人に対して「イヤ」「ダメ」を繰り返すようになります。自立しようとする心を受け止めましょう。

「自我のめばえ」とは？

「自分」を意識した自立への第一歩

1歳を過ぎた頃から、「これはぼくのもの」「わたしはこうしたい」というように「自分」を意識し始めます。そして、「自分でやりたい」という気持ちの元に、「（それを）認めてほしい」という感情が生まれるようになります。大好きだった大人から自立しようとする心がめばえてくるのです。

子どもの気持ちを受け止めよう

「イヤ」「ダメ」という言葉に対して、「それはダメ！」「言うこと聞かないと〇〇しちゃうよ！」と強く制止すればイヤイヤはもっと膨らむばかり。「〇〇したかったんだね」と、まずは子どもの気持ちを受け止めましょう。自分の気持ちにしっかり向き合ってくれたという安心感が生まれれば、保育者の話を聞く余裕もできてきます。

選択肢を用意して子どもに選ばせてみて

例えば「これに着替えようね」「イヤ」というやりとりをしたとき、2種類の着替えを用意して「どっちにしようか？」と選ばせます。子どもは自分で選んだという満足感が得られ、すんなり着替え始めるでしょう。保育者は子どもの選択を温かく見守ることが大切です。それでも難しい場合は、「寒いからこっちがいいかな」と保育者の考えを伝えたり、具体的にどうしたいのか聞いてみたりすると良いでしょう。

プラスα

一人遊びができる環境を用意して

自我のめばえから、自分とそれ以外（他者）の区別がつくようになります。ただし、他者である友達の存在が気になりながらも、仲良く一緒に遊ぶことはまだ難しい時期。満足いくまで一人遊びが十分にできるスペースや、そばにいる友達の真似をして同じことができるよう、おもちゃの数を多めに用意するなど配慮が必要です。

自己主張が強くなる

● 2歳頃〜

自分の思いと向き合い始める

自我が大きくなり、自己主張が強くなる時期。子どものやりたい気持ちを尊重しながら、自分をコントロールできるよう導きます。

「自己主張が強くなる」とは？

「自分で」最後までやり遂げようとする

　2歳児は「第一次反抗期」と呼ばれ、おもちゃの独り占めや自分の場所を大きくしようとするなど自己主張が激しくなります。また、何でも「自分で」やろうとして、大人に手を出されることを嫌がります。子どもの意思を尊重し、揺れ動く気持ちを受け入れながら、主張の中で本当に求めていることを見極めましょう。

大切！
満足感や安心感をもたせる援助を！

この時期は「自分で！」と強く主張したり、「やって！」と甘えたり、自立と依存の気持ちが入り混じるようになります。保育者は「自分でやるって言ったじゃない」と冷たく対応せず、見守ったり、一緒に手伝ったり揺れ動く主張に応じて優しく援助しましょう。子どもは受け入れられているという安心感を味わううちに、他者の存在や思いを受け入れられるようになります。

自己肯定感を育む対応を心がけて

「自分」を意識することから、「自分は大切な存在」と考えるように成長していきます。自己主張や反抗をしていても、信頼できる相手に受け入れられている安心感や、認められた実感を繰り返すなかで、自己肯定感が養われるのです。信頼できる大人としっかり向き合うことで、子どもも大人も共に育ち合える絶好の機会。子どもはその経験を通して、自己を肯定する心や人への信頼感を抱くようになるでしょう。

こんなときには…
自分の意見が通らずだだをこねています

だだをこねる2歳児に対して「ダメ！」と感情的に言ってしまいました。泣いたり叫んだり大暴れする姿に根負けして、言いなりになるのはよくないと思うのですが、対処の仕方が分かりません。

自分で決める時間を待ちましょう

自分をコントロールする力ができていないのに、頭ごなしに怒鳴るのは逆効果。子どもの気持ちを受け止めることが大切です。気持ちが落ち着いてくると次第に「嫌だけどどうしたらいいかな…」と子ども自身が考えるように。様子を見ながら、「〜しようか」と声をかけましょう。

友達との関わり

● 1歳頃〜

友達の存在に気付き、関わる

自分の物や人への執着が強くなる一方で友達の存在に興味をもち始めます。保育者が見守り、仲立ちするなど適切な対応が大切です。

「友達との関わり」とは？

「自分」の確立に従って「他者」の友達を受け入れる

自分と他者との区別がはっきりしてくると周りにいる様々な人の存在に気付き、特に友達に興味をもつようになります。「自分のもの」への執着や自己主張が強い時期だけに、物の奪い合いといったトラブルもおきますが、社会性が育まれる過程として、保護者に説明しておくなど、保育者の対応が求められます。

物や人への執着を受け止めながら

毎日のように物の奪い合いが起こりますが、危険がない限りは止めずに、お互いが十分に自己主張し合えるようにしましょう。保育者は互いの主張を受け止めて言葉で補い、整理する役割を果たしたら、あとは子どもが自分で考え、判断するよう任せます。

次第に、保育者が間に入ることで気にかかる子や気の合う子と少しずつ関われるようになります。

こんなときには…
物の奪い合いから激しいトラブルに

毎日のように物の奪い合いやトラブルがおきている2歳児クラス。けがなど起きては大変と思い、つい「○○ちゃんが使ってたでしょ！」「取っちゃダメ！」など叱ってしまいます。どのように対応すればいいのでしょう。

お互いの気持ちを分かりやすく伝え合う

自分の気持ちをうまく伝えられない2歳頃には当たり前のこと。「これが欲しかったんだね。でも○○ちゃんが使ってたから貸してって言おうね」とお互いの気持ちを分かりやすく伝え合えるよう言葉を補う仲立ちを行います。

関わり方のパターンを伝えていこう

2歳後半になると、「ぶつけたから痛いの」など言葉がさらに発達していくため、子ども同士の会話に安心してしまうことも。でも、まだ自分の気持ちを伝え、相手の気持ちを理解するのは難しい時期。保育者は、言葉や伝え方、伝えた後の行動など友達との関わり方そのものに対して話すようにしていきましょう。

行動と言葉

● 1歳〜2歳後半頃

心の動きを行動や言葉で表す

自分の気持ちをうまく言葉で伝えられない1〜2歳児は、行動で心を表します。行動の意味を考えることで子どもの気持ちを見つめましょう。

●「行動と言葉」とは？

言葉を発達させながら全身で自己表現していく

　喃語から初語が出て、語彙の数が増えるなど、乳児の言葉は急速に発達していきますが、まだ自分の気持ちをすべて言葉には表せません。言葉の代わりに子どもは、自己主張や表現を行動や動作で表します。子どもの小さな行動や表情、しぐさも見逃さず、その意味を考えることで子どもの理解へとつなげていきましょう。

🏷️ 大切!
子どもの姿をよく観察して

子どもの行動をただ見るだけでは、気付きにつなげることはできません。日常的に見守るなかで愛着関係を築き、普段の様子を把握しておくことが必要です。そうすることで、何気ない行動に意味があり、心の動きが見えてくるようになります。さらにそれを援助に生かすことで、「この人なら分かってくれる」という信頼につながり、安心して様々な姿を見せるようになります。

プラスα
場に応じた言葉を話そう

まだ言葉で気持ちを表しきれない乳児が相手でも、話す言葉のチョイスや話し方を大人が怠らないようにすることが大切です。子どもは、目で大人の口元を見て、耳でその声をしっかりと聞いています。一語文を話す子どもに対しても、伝えたいと思っている気持ちを汲み取って、言葉を添えながら二語文、三語文で応えるようにしましょう。そのていねいなやりとりが言葉の発達を促します。

こんなときには…
一語文しかまだ話せません

2歳になったCくんは、「ワンワン」「ブーブー」「ママ」など一語文しか話せません。周りの子が保育者や友達と少しずつ言葉のやりとりが増えていくなか、少し心配です。どう対応していけばいいでしょうか。

🔴 2歳を過ぎても個人差があります

言葉は個人差が大きくあるため、あまりに周囲が気にしすぎるのは逆効果です。保育者は、表情豊かに語りかけながら、単語に込められた思いを読み取ることが大切です。じっくりゆっくりと、子どもが話したい気持ちを受け止めましょう。

気になる行動と心の育ち
column ひっかき・かみつき

言葉で主張できない乳児期の子どもたちの間で日常的に起こる「ひっかき」や「かみつき」。園での対応の仕方をきちんと確認しておきましょう。

言語化できない感情を表現する行為

「ひっかき・かみつき」の理由は一つではありません。成長過程ではよくあることと収めるのではなく、行為に対してはきちんとよくないことと伝え、理由を探ったうえで「なぜしてしまったのか？」を言葉にして子どもに伝えることが大切です。

原因と対策

- 体調が悪い
- ストレスがある
- 相手に攻撃された
- 要求をうまく言葉で伝えられない
- 生活リズムが乱れている、疲れている

 環境構成
- 体を思い切り動かせるスペースで遊ばせる
- 子どもの思いを言葉にして伝えることを繰り返す

対応の仕方

ひっかかれた子・かまれた子へ

消毒する、冷やす、湿布を貼るなど適切な処置を行います。落ち着いたら、主張をじっくりと聞き、相手の子とともにお互いの気持ちを保育者が仲立ちして伝え合います。

ひっかいた子・かんだ子へ

まずは、なぜひっかいたのか・かんだのか気持ちを読み取り、「〇〇したかったのね」と言葉にしましょう。行為自体は悪いことなので、その後「ダメなんだよ」としっかり伝えます。けがをさせた相手の気持ちも伝え、自分と同じ気持ちが相手にもあることを気付かせます。

これで遊びたかったんだよね

家庭と園とで連携をとる！

保護者への説明はていねいに

園ではよく見られる現象とはいえ、かんだ子ども、かまれた子どもの保護者は心配するもの。事前に保護者会などで「ひっかき・かみつき」が発達上起きやすい時期であること（ただし、仕方ないことでは済ませないこと）を伝えておきましょう。実際に起きたときは、保育中の出来事は子ども同士ではなく、園の責任であると説明するなど配慮が必要です。

Lesson 4

子どもと遊ぼう

「子どもと遊ぼう」その前に

夢中で遊び込んだ経験が "子どもを育てる"

子どもにとって遊びとは？

遊びを通して、子どもたちは自分の手や体を自由に使い、ときに失敗や成功を体験し、友達との関わりなど様々なことを学んでいきます。大切なのは「やりたい」という子どもの気持ち。乳幼児期にしっかり遊び込んだ経験は、好奇心や意欲、頑張る力など、就学後の成長へとつながっていくのです。

遊びが育てる子どもの育ち

健康
健康な心と体を育て、自ら健康で安全な生活をつくり出す力を養う。

人間関係
他の人々と親しみ、支え合って生活するために、自立心を育て、人と関わる力を養う。

環境
周囲の様々な環境に好奇心や探求心を持って関わり、それらを生活に取り入れていこうとする力を養う。

言葉
経験したことや考えたことなどを自分なりの言葉で表現し、相手の話す言葉を聞こうとする意欲や態度を育て、言葉に対する感覚や言葉で表現する力を養う。

表現
感じたことや考えたことを自分なりに表現することを通して、豊かな感性や表現する力を養い、創造性を豊かにする。

※保育所保育指針より抜粋

Lesson 4 子どもと遊ぼう

一人一人の発達の見極めが大切

乳幼児期の発達を理解したうえで、まずはしっかりと目の前の子どもの姿を見ていきましょう。ただやみくもに遊ばせても、それは専門性のあるプロの仕事ではありません。その子の個性や発達、生活習慣など、あらゆる情報を理解したうえで、愛着関係を築き、他の保育者、友達と関わりながら遊ばせることが大切です。

愛着関係ができて安心して遊び込める

遊びとは、子どもが自分から外の世界へと働きかけていく行動のこと。そのため、「この世界は安心、大丈夫」と思える愛着関係がきちんと築かれていないことには、子どもは不安で外に意識を向けることができません。保護者と子ども、保育者と子ども、遊びのベースにはいつも安心感が必要なことを忘れずに。

1歳児クラスでは、保育者とおそろいのエプロン、三角巾姿で、楽しいままごと遊びの真っ最中。保育者は表情も言葉も豊かに接することで、子どものイメージがどんどん膨らんでいきます。

乳児の遊びは探索活動

自分の周りの世界を知るために行う探索活動＝乳児期の遊びです。身近なものに興味をもち、かむ、なめる、たたく、引っ張るといった行動で働きかけ、反応があると「おやっ？ もっとやりたい！」と発展し、遊ぶ意欲へとつながります。そういった反応、変化を引き出すおもちゃや遊びの環境構成を工夫しましょう。

大切なのは「ねらい」の設定と環境構成

何の計画もなしに遊ばせても、子どもの意欲は上がりません。発達を見極め、興味・関心を考えながら、遊びの「ねらい」を設定します。その「ねらい」に近付くために環境構成を整え、遊びを展開していくのです。ねらい通りの子どもの姿、予想できなかった姿…子どもたちの様々な姿に保育のおもしろさ、やりがいを感じるでしょう。

発達に応じた環境構成
- 五感を刺激する
- 働きかけると様々に変化するものと出合う
- イメージを明確に広げる
- 生活の再現をする

遊びで配慮すること

0歳児
- 室内やおもちゃを清潔に保つ
- 誤飲など防ぐために、おもちゃの大きさや室内の環境に注意する
- 機嫌のいいときは、はらばいなどで感覚を刺激する

1歳児 **2歳児**
- おもちゃの棚は子どもが取りやすい位置に設置する
- 片付ける場所を分かりやすく表示する

遊びの安全チェックシート（例）

場所	点検内容	点検日	担当者
保育室	子どもの周囲に角の鋭い家具などがないか		
	おもちゃ類の整理整頓、清潔かどうか、破損などはないか		
	子どもが口に入れそうな物が手の届くところにないか		
	段差のあるところはないか、注意できているか		
	ドアに子どもの指が挟まらないように対応できているか		
園庭	大きな石やガラスなどは落ちていないか		
	ボールやスコップ、三輪車などは散乱していないか		
	園庭に穴や凸凹がないか		
	木の枝や根が飛び出していないか		
	遊具の支柱やネジなどに破損やサビはないか		

保育者は子どもの遊びをしっかり見届けて！

子どもが夢中になって遊び込むためには「子どもが自分で考え、選択する」プロセスが大切。保育者は子どもの様子をしっかり見守り、「何を楽しんでいるのか、学んでいるのか」探る必要があります。ときには遊びをリードしなければならない場面もありますが、見守り役を意識し、主体的な遊びを引き出しましょう。

友達との仲立ちには言葉を添えることが大切

0～2歳児は、友達とのトラブルによって遊びが中断しがち…。保育者は仲立ちをして、友達との関わりを根気よく伝えていきましょう。おもちゃの取り合いが起きたら、お互いの思いをくみ取り、言葉を補いながら十分に主張し合います。遊びのイメージを友達と共有したい場合も同様です。

スキンシップ
触れ合う楽しさを伝えよう

「愛着関係」を築くうえでも大切なスキンシップ。遊びに取り入れながら、保育者の愛情たっぷりに触れ合いましょう。

環境構成と援助

0・1歳児 担当制（生活上の主な介助を担当保育者が行うこと）を取り入れ、遊びでは徐々にいろいろな保育者や子どもと触れ合えるようにする。

2歳児 友達との遊びが楽しめるよう、人数や場を工夫する。

2歳児
・わらべうた「あぶくたった」「かごめ かごめ」など

♪あーぶくたった にえたった♪

0歳児
・喃語にこたえる
・わらべうた「いちりにり」など

1歳児
・言葉を補うようにやりとりする
・わらべうた「いっぽんばし こちょこちょ」「おせんべやけたかな」など

0・1歳児
愛着を強くするスキンシップ

　大切にしたいのは、食事・排泄・着脱・清潔・睡眠といった生活習慣の介助を、積極的に同じ保育者が繰り返し行いながら、愛着関係を築くことです。はじめのスキンシップの中心は「抱っこ」が多くなります。ゆったり揺らしてみるなど、時期によって抱き方を変えてみるのも良いでしょう。一人の保育者としっかり愛着関係を築くことができたら、遊びの場面では、少しずついろいろな保育者と触れ合えるようにしていきます。

2歳児
歌や手遊びを家庭にも伝えよう

　園での触れ合い遊びが楽しめるようになってきたら、ぜひ保護者にも遊び方を伝えましょう。歌詞や振りをおたよりに載せたり、保護者会でパネルなどを用意して、一緒にやってみたり。子どもが喜ぶポイントや、短い時間でもできる遊びなどを紹介すると家庭でも楽しめます。

　また、0・1歳児の頃は、1対1や1対2などで行ってきた遊びを徐々に人数を増やしていきます。友達同士でお互いの動きを見るなど、遊びがさらに発展するでしょう。

こんなときには…
触れ合い遊びの注意点は？

　子どもと1対1や少人数で触れ合い遊びをするとき、歌詞や動作を間違えないよう気にしてしまって、なかなか遊びに集中できません。子どもも楽しめているか心配です。

 先輩保育者より
リラックスして楽しい雰囲気で

　触れ合い遊びは、楽しく遊ぶうちにリラックスできて、触れ合う人との信頼関係がより強くなることが醍醐味。歌詞や動作の正確さは二の次に、笑顔いっぱい楽しみましょう。

読み聞かせ

0歳児 **1歳児**

絵本への関心を引き出そう

子どもたちは絵本が大好き。大好きな保育者が読み聞かせをしてくれるという安心感の中で、絵本の素晴らしさを伝えましょう。

環境構成と援助

0歳児 月齢に合った絵本を選び、絵本の楽しさを伝え、身近なものに興味がもてるようにする。

1歳児 身近なことが描かれた絵本で、多くの言葉やものに気付けるようにする。

0歳児
・基本は1対1で行う。
・『くだもの』作／平山和子（福音館書店）など

1歳児
・少人数で行う。
・『じゃあじゃあ びりびり』作・絵／まついのりこ（偕成社）など

CHECK! 下読みや内容理解をしっかりと

下読みは、絵本のメッセージを伝えるために必ずしておきましょう。詰まらないようにするだけでなく、同じ言葉でも意味の違いや、読み方の工夫が必要かどうかなどを事前に考えることができます。

また、絵本の持ち方や姿勢など、子どもにどのように見えるか考えておくことも大切。片手持ちでも安定するようにします。1ページ1ページはっきりと絵柄が見えるよう練習しましょう。保育者同士で読み聞かせし合うのもオススメです。

0歳児 身近なものの登場でさらに楽しく

物の認知が始まる頃なので、子どもにとって身近なものが描かれている絵本を選びましょう。特に絵が大きくて、色がはっきりしたものがオススメ。指さしが出てきたら言葉を添えて応えましょう。

1歳児 言葉や表現のおもしろさを知る

言葉への興味が出てくるので、子どもの知っているものが描かれていて、リズミカルな表現だとさらに楽しめます。「もこもこ」「きゅっきゅっ」など思わず発語したくなるような言葉は意識して読みましょう。

こんなときには…

絵本をなめる、破くときは

子どもが自由にいつでも手にとれるようにと設置している絵本コーナーで、0歳児が絵本をなめたり破ったり…。衛生的にも心配なので、止めさせたほうが良いでしょうか。

読まないときは手の届かないところへ

まだ絵本をおもちゃとして扱ってしまう場合は、絵本として認識できるまでは手の届かないところにしまうなどしましょう。最初は布絵本などで読み聞かせを楽しんでみましょう。

読み聞かせ

2歳児
絵本のおもしろさを伝えよう

言葉も増えて、自分なりの表現ができるようになる時期。どんどんイメージを膨らませて絵本の世界に引き込むように読みましょう。

環境構成と援助

2歳児 大人数への読み聞かせでも全員が集中できるよう、どの子からも見えやすい位置を工夫したり、大型絵本や紙芝居などを取り入れたりする。

2歳児
・大型絵本や紙芝居を取り入れてみる。
・『三びきのやぎのがらがらどん』絵／マーシャ・ブラウン　訳／瀬田貞二（福音館書店）など

2歳児

リズムや言葉の響きが楽しい絵本を

　周囲のものに興味が出てきて、それを表現する言葉にも関心をもち始めます。自分で何度も口ずさんだり、友達同士で伝え合ったり、様々な言葉や表現の楽しさに触れさせましょう。

　また、イメージを膨らませる時期でもあるので絵の中から言葉やメッセージが読み取れるような絵本も良いでしょう。赤ちゃん絵本から、ストーリーのある少し長めの絵本を好むようになるのもこの頃です。

Lesson 4 子どもと遊ぼう

プラスα

ごっこ遊びに発展させよう

　想像力が育つ2歳児は、「ごっこ遊び」が大好き。分かりやすいストーリーのある絵本を読み終わった後、その登場人物になったつもりで演じてみたくなることも。好きな登場人物のセリフを言ったり、動作を真似したり、簡単なごっこ遊びを楽しみましょう。そのときに絵本の世界に出てきたもの（例えばリンゴなど）が小道具として用意できると、さらに遊びが盛り上がります。絵本から広がる遊びをたくさん重ねましょう。

こんなときには…

集中できない子がいます…

　2歳児クラスで5、6人に読み聞かせをしていると、途中で立ち歩く子やあきてしまう子がでてきます。読み聞かせの楽しさを知ってほしいのですが…。

先輩保育者より
日常の様子とともに原因を探って

　園や家庭での絵本との関わりを考えます。家庭で十分に読み聞かせをしてもらっている子、読み聞かせの習慣がない子など様々です。保育者の近くに座らせたり、ときには抱っこしながらなど工夫しましょう。

おもちゃ

子どもの興味を引き出そう

おもちゃは「子どもがどんどん試したくなるもの」であることが重要。既製品、手づくりにこだわらず発達に合った遊びを行いましょう。

環境構成と援助

0～2歳児 子どもの視線に合わせ、手の届くところに玩具などを設定する。発達に合わせて玩具を選び、時期によってその都度入れ替えていく。

2歳児 ・パズル ・玉さし ・ひも通し など

0歳児
引っ張ったり、落としたりするおもちゃ など

1歳児 ・型はめ ・玉転がし ・しかけ布絵本 など

0・1歳児
試したくなるおもちゃを用意

おもちゃは、子どもが手にしたとき「あれっ？」「おやっ？」と思えるかがポイント。「その年齢のどの発達に焦点を当てるか、何をどのタイミングで与えるか」を見極めましょう。「やりたい」「触りたい」などの意欲を引き出すことが大切です。

> ⚠注意 **誤飲させない！**
> おもちゃは大きさや形状、素材、破損などに十分注意して、誤飲を防ぎます。

2歳児
遊びの中で手指の発達を促そう

服の着脱など、自分でできることも少しずつ増えてきて、いろいろなことに挑戦しようと意欲が出てくる時期。手指の発達を意識したおもちゃを与えるのも良いでしょう。ボタンやファスナーのついたおもちゃ、ひも通しなど、遊びの中で経験することで、生活習慣の自立にもつながります。まずは挑戦しようとする姿をほめることで、意欲を引き出しましょう。

また、おもちゃの取り合いも起きやすいので同じものを複数用意する配慮を。

こんなときには…
手づくりが得意ではなく…

乳児のおもちゃは素材や色などのバリエーションが必要だと思うので、発達に合わせたおもちゃを手づくりしたいのですが、不器用なのでなかなか取りかかれません。

> 先輩保育者より
> **複雑なつくりにこだわらなくてOK**
> 空き容器にビーズや色水を入れたり、ティッシュペーパーの空き箱から結んだ布を出したり、簡単なもので十分です。ただし、口に入って良いものなど安全面には気を付けましょう。

歌・音楽

音楽を通して表現を楽しもう

子どもに人気の手遊び・歌遊びは、年齢に合わせてアレンジができるのも魅力。元気よく歌って、踊ってたくさん触れ合いましょう。

環境構成と援助

- **0歳児** 保育者の歌声や静かな音楽を聞いて楽しさが感じられるように生活に音楽を取り入れる。
- **1歳児** 音やリズムの楽しさを感じられるように、簡単な楽器などに触れられるようにする。
- **2歳児** 友達と体を動かす楽しさを感じられるように、リズミカルな音楽のダンスや体操を行う。

2歳児 ・リズミカルな音楽や歌　など

0歳児 ・わらべうた　など

1歳児 ・手づくりの楽器や鈴　など

0歳児
スキンシップしながらが◯

　歌や音楽を取り入れた遊びは、スキンシップをとりながら、リズムや歌が楽しめるとあって、子どもと仲良くなるのにもってこいの遊びです。「道具がいらない」「場所や時間も選ばない」「覚えておくと応用がきく」ため、ちょっとした遊びのストックにもぴったり。子どもの顔を見ながら、表情豊かに歌いましょう。

　また、午睡時に静かな音楽を流すなど、生活にメリハリをつけるために音楽を取り入れるのもオススメです。

1歳児
楽器を通して音に親しもう

　マラカスや鈴、太鼓など、自分で叩いたり、振ったりすることで簡単に音が出せる楽器に親しむようになります。楽器によって音の違いに気付くようになるので、言葉を添えながら一緒に楽しみましょう。

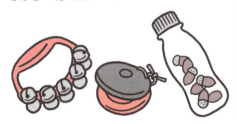

2歳児
友達と体を動かす楽しさを

　歌や音楽に親しむ2歳児は、次第に体を大きく動かして友達と一緒に楽しむようになります。同じ歌遊びでも、0・1歳児とは違った反応が見られるのも魅力。様々な音楽に出合えるようにします。

こんなときには…
歌やピアノが苦手です…

　ピアノが苦手で音痴なこともあり、歌や音楽には積極的になれません。子どもたちには「元気よく」と言いながら、恥ずかしくてなかなか音楽や歌を楽しめないのですが…。

上手、下手は二の次　楽しむ気持ちが大切

　誰にでも苦手な分野はあるもの。子どもはピアノや歌が上手なことを求めてはいません。歌や音楽を通して、笑顔や楽しそうな声を出す保育者のその雰囲気に喜びを感じるのです。

運動遊び

様々な体の動きを経験させよう

発達に個人差が大きい時期なので、個別の援助を心がけたいもの。安全面に注意して、「やってみたい」意欲を引き出しましょう。

環境構成と援助

- **0歳児** 発達に合わせて場をつくったり、遊具を工夫したりする。
- **1歳児** 楽しんで体が動かせるように戸外遊びを十分行い、運動を楽しめる遊具などを用意する。
- **2歳児** 登る、降りる、ぶら下がるなど、いろいろな動きのできる遊びを取り入れる。

0歳児
・マットの斜面をハイハイさせる　など

1歳児
・じゃり道や坂、芝生の上を歩かせる　など

2歳児
・簡単な鬼ごっこやしっぽ取り　など

0・1歳児
発達を促す動きを設定しよう

　運動機能がぐんと伸びる時期なので、発達に合わせたねらいを立てることが大切。「ハイハイをさせたい」ならトンネルの出口から保育者が呼びかける、「歩く力を身に付けたい」なら、芝生や坂道など足元からいろいろな感覚を楽しめる場所に散歩に出かける、というように目標に合わせた環境を用意します。

　この時期に体を動かす楽しさが十分に味わえるよう、安全に注意した環境の中で、様々な運動を取り入れましょう。

2歳児
自由に体が動くようになったら

　歩く、走る、跳ぶなどの運動機能が整い始める時期。段差から跳びおりたり、またいだり、さまざまな動作に挑戦するようになります。固定遊具や三輪車など、全身を使う遊びを取り入れましょう。

プラスα
"楽しい"を第一に目標を立てよう

　運動遊びは、楽しんで体を動かせるようにすることが大切。安全面に注意を払いながら環境を工夫しましょう。楽しさを実感しながら、発達に合わせて設定した目標にチャレンジしていけると良いですね。

こんなときには…
発達が見極められません

　運動遊びはもちろん、保育をするうえで子どもの発達を見極めることが重要なのは分かるのですが、日々の保育の中でどのように見ていけば良いのでしょうか？

 子どもをよく見ることが第一！

　運動機能だけを見るのではなく、人との関わりや食事、排泄といった生活習慣など、総合的に発達を見て「この子が今、どんな状況にあるのか」「次にどこを目指したら良いか」を判断することが大切です。

Lesson 4 子どもと遊ぼう

自然遊び

自然と触れ合い五感を刺激する

色、におい、形…どれをとっても自然は子どもにとって最高のおもちゃ。五感を刺激する教材として、たくさん出合わせたいものです。

環境構成と援助

- **0・1歳児** 五感を育て、自然への興味を広げられるように、自然に触れる環境をつくる。
- **2歳児** 自然を遊びに取り入れやすい環境を工夫する。

1歳児
・砂、泥での型抜きや泥だんごづくり　など

0歳児
・イチゴ、プチトマト、おじぎそうの栽培　など

2歳児
・摘み取った草花でのままごと、虫探し　など

0・1歳児
たくさん出合える経験を

自然と触れ合わせるのが難しい場合、あえて園の中に「自然をつくる」必要があることも。園庭の整備や栽培、飼育など、全部を職員だけで行うのは大変です。保護者や地域の人たちを巻き込みながら、子どもが自然にたくさん出合える環境をめざしましょう。

また、乳児が自然と触れ合うときに安心して動き回れるよう、乳児専用の庭や砂場をつくることもアイデア。幼児と交流できる場所と二か所用意し、自由に行き来できるようにすることで子どもの好奇心はますます育まれていきます。

2歳児
変化を楽しみながら遊び込んで

土に水を加えて泥だんごをつくったり、空き容器に植物を入れてままごとを展開したり、子ども自身が働きかけることで、変化が起きる自然遊びにさらに夢中になります。

サラサラの砂、しめった土、泥でにごった水、温かい・冷たいなど様々な感触を指先から感じていきます。想像力を膨らませながら、思う存分遊べるよう衛生面や安全面を整えましょう。

こんなときには…
虫が大の苦手です…

小さい頃から虫が大嫌いです。子どもたちには自然の中で草や虫に触るなど、たくさん触れ合ってほしいのですが、私自身が一緒に楽しめるか自信がありません。

子どもの気持ちになって一緒に楽しむ

最近は保育者自身が、虫と遊んだ体験をしていないことが多いようです。子どもが何を見て、何をおもしろがっているかを見ながら遊び、少しずつ触る挑戦をしてみましょう。

水遊び
変化する水の楽しさを体感

自分の働きかけによって変化する「水」が子どもは大好き。季節感や解放感、水の心地良さを感じながら、全身で楽しみましょう。

環境構成と援助

- **0歳児** 水の感触を楽しめるように、保育者と一緒に少しずつ水に慣れる。
- **1・2歳児** 水遊びが十分に楽しめるように、絵の具などの異素材を加えて水の変化を知る。

0歳児
・透明カップやコップ
・きれいな色の水遊び用のおもちゃ　など

1・2歳児
・ペットボトル
・透明カップやコップ
・じょうろ　など

0歳児

水の感触に親しもう

　保育者が水を触る様子を見せることで、子どもは次第に興味をもち始めます。水がチャプチャプと揺れる音を声に出してみたり、水面の波紋が広がる様子、光に反射してキラキラ光る様子などを見つけながら、水に親しみましょう。

チャプチャプ音がするね

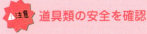 **道具類の安全を確認**

ペットボトルやビニール袋などを利用した手づくりおもちゃに破損がないか確認を。

1・2歳児

さまざまな素材をプラスしよう

　水と十分親しめるようになったら、絵の具や空き容器などを加えましょう。カラフルな色水が流れる様子や、色が混ざり合う様子など、水の変化をおもしろがるようになります。水と触れ合う解放感や気持ち良さを感じると、子どもたちの遊びは次第にダイナミックに。牛乳パックやプリンカップ、穴をあけたペットボトル、切り口をビニールテープで留めた手づくりのじょうごなど、いろいろな容器を用意しておきましょう。

こんなときには…

顔に水がつくのを嫌がる子には…

　水が苦手な2歳児。少しずつ体を入れられるようになったのですが、水が顔についた途端、泣き始めてしまいました。どのように水の楽しさを伝えれば良いでしょうか。

一緒について安心させながら

保育者と一緒に水に触ることから始めると、保育者の楽しそうな表情や声かけに徐々に慣れていきます。無理に顔をつける必要はありません。少しずつ水に親しむことを第一に。

造形遊び

様々な素材で表現しよう

紙や粘土、クレヨン、絵の具など、造形遊びはいろいろな素材に触れるチャンス。感触を楽しむことから次第に表現へとつながります。

環境構成と援助

- **0歳児** 思うままに表現するため、安全に注意しながら様々な素材と触れ合わせる。
- **1歳児** 感触を楽しみながら、自分なりの表現ができるようにする。
- **2歳児** 様々な素材を用意し、自由に遊びながら表現を楽しめるようにする。

1歳児
・小麦粉粘土　・シール
・洗濯バサミ　など

0歳児
・口に入れても大丈夫な太めのクレヨン、新聞紙　など

2歳児　・サインペン　・クレヨン　・スタンプ　・折り紙　など

0歳児
いろいろな素材に出合わせよう

　子どもは、いろいろな素材に触れることが五感への刺激につながります。画用紙の上でクレヨンを動かすと線が描ける、という当たり前のことでも、子どもにとっては不思議なこと。「興味や関心をもち始めたな」と感じたら、タイミングを逃さず、発達にあった素材や道具を用意しましょう。子どもは夢中になると、どんどん遊びを広げていくもの。子どもの動きを予測して、遊びが展開するよう環境を整えましょう。

線が残ったね　不思議だね

1歳児
細かな作業にも夢中になるように

　「もっとやりたい」と子どもが感じてきたら、そのサインを逃さず、子どもの思いを言葉にしていきましょう。夢中になって取り組むものの、集中できる時間は短いもの。経験を重ねていけると良いですね。

2歳児
片付けや整理整頓を意識しよう

　指先がだいぶ使えるようになり、ハサミやのりなど道具を使うことを楽しみ始めます。折り紙やシールは子どもが自由に取り出す、その他は保育者が手渡しする、など管理や整理方法を見直してみましょう。

こんなときには…
感触や汚れを気にする子には

　粘土やのりなど、汚れることや匂いが苦手な子がいます。手指をたくさん使って感触を楽しんでほしいのですが、どのような対応をすれば良いでしょうか。

焦らず少しずつ慣れさせて

　汚れたらすぐ手がふけるように、子どものそばに手ふきを用意します。様々な感触を楽しむことは大切な経験。保育者が一緒に触る、楽しめるような言葉かけをするなどゆっくり慣らしましょう。

Lesson 4　子どもと遊ぼう

ごっこ遊び

0歳児　1歳児

やりとり遊びを促そう

大人のしぐさや声を真似するなど、簡単なままごとや生活の再現を楽しむ時期。子どもの思いや行動を言葉に換えていきましょう。

環境構成と援助

- 0歳児　身近なものに興味がもてるように、おもちゃの種類や配置などを意識する。
- 1歳児　一人一人が安心して遊び込めるように、スペースやおもちゃの数などに配慮する。

0歳児
・テーブルセット
・簡単なままごとセット　など

1歳児
・ぬいぐるみや人形　・ベッド
・洋服　・バッグ　など

「いただきます」

0歳児

大人とのやりとりを楽しむように

「ちょうだい」「どうぞ」などの応答的なやりとり遊びが始まります。口に入れても安全な布製のままごとグッズや、身近な食べ物のおもちゃなどを用意すると興味をもって遊ぶようになります。子どもの喃語や反応には、「にんじん、いただきます」「おいしいね」など言葉を添えると喜ぶでしょう。

また、給食で「りんご」が出たら、遊びではおもちゃの「りんご」を出してみるなど、生活とつながる体験がたくさんできると良いでしょう。

1歳児

生活に必要な行動を遊びで体得

絵本の読み聞かせや大人との触れ合いの経験を通して、次第に子どもの関心が外に広がるようになります。「いただきます」「ごちそうさま」「行ってきます」「おかえり」といった日常のあいさつを真似するなど、生活に必要な行動を遊びの中で体験していくようになります。

また、鏡を見ながら身づくろいしたり、ポーズをとったり、大人のしぐさを真似する子の姿も。小道具を豊富に用意するなど、イメージする力をどんどん育てたいものです。

こんなときには…

物の取り合いが頻繁に起きる

「〜したい！」「あれがほしい」と自我がめばえてきた1歳児クラスでは、毎日のように物の取り合いが起きます。欲求を受け止める以外に具体的な解決案を教えてください。

同じものを複数用意して

意思表示が強くなる時期なので、どうしても起きがちです。一人一人が遊びをじっくり楽しめるスペースをとる、同じ遊びができるようにおもちゃを複数用意するなど対策を。

> ごっこ遊び

2歳児
ごっこの世界を楽しむ工夫を

周囲への興味が広がり、自分でイメージをもつようになる時期。「見立て遊び」「つもり遊び」への発想が豊かになります。

> 環境構成と援助

2歳児 ごっこ遊びを豊かにするために、本物に近い小道具を用意する。片付けも遊びの延長ととらえ、子どもが分かりやすい表示、片付け方法にする。

2歳児
・ぬいぐるみや人形
・本物に近い小道具
・レストランごっこ　など

> 2歳児

ごっこ遊びが充実してくる

　大人や友達の真似を繰り返すことで、ごっこ遊びへのイメージがどんどん膨らんでいきます。保育者自身も楽しみながら、一緒にイメージを共有することが大切です。言葉かけをていねいにすることで、子どものセリフを引き出すなど、遊びのイメージを補う援助をします。

　ごっこ遊びは次第に本格化していきます。子どもが満足できるよう、調理道具などは本物に近いものを用意するなど、取り扱いに注意しながら盛り上げましょう。

プラスα

片付けにつながる工夫を

　人形を抱っこして寝かせるなど、自分がされていたことを人形にするようになります。この時期は人形や小道具類の出番が増えるため、整理も重要なポイントに。子どもが遊びたくなる、集中して遊び込める環境を整えることで、片付けの習慣や気持ちいいと感じられる生活習慣へとつなげましょう。

＜片付けのポイント＞
・人形は布団に寝かせた状態でしまうようにすると、起こす場面から遊びが始められる。
・小道具類は取りやすく、分かりやすく、小分けに整理する。

こんなときには…

遊びに入っていけない子には…

　2歳児のAちゃんは友達のことが気になるようなのですが、なかなか自分からは遊びに入ってきません。保育者が間に入っても、一人遊びばかりしています。

無理に入れず十分な一人遊びを

集中して一人遊びをすることは悪いことではありません。満足するまで遊ぶのも大切です。次第に、興味をもつ子ども同士で一緒に遊ぶことができてきます。

集団遊び

[1歳児] [2歳児]
ルールは段階を追って伝えよう

友達に興味をもち、一緒に遊びたい気持ちが高まります。集団で遊ぶために必要なルールについてていねいに伝えましょう。

環境構成と援助
- [1歳児] 友達と遊ぶことが楽しいと気付けるように、平行遊びを存分に楽しませる。
- [2歳児] ルールの大切さに気付けるように、少しずつ遊びの中で知らせていく。

[1歳児]
・「貸して」「じゅんばんこ」「あとで」などのやりとり　など

[2歳児]
・椅子取りゲーム
・しっぽ取り　など

Lesson 4 子どもと遊ぼう

CHECK! ルールは段階を経て伝えて

ルールがあることが大事だと実感できる3〜4歳ぐらいまでに、少しずつ段階を追って伝えます。いきなりルールを伝えて「できた、できない」ではなく、今がどの段階なのかを見極めることが大切です。

1. ルールがあることに気付く
2. ルールがあると楽しいと知る
3. ルールを守ろうとする
4. ルールを守って遊べるようになる

1歳児
一人遊びを十分させて

まだまだ一人遊びを楽しみたい時期。十分に遊べるよう、コーナーをつくる、グループ分けするなどして、落ち着いた空間をつくりましょう。次第に友達への興味が高まります。

2歳児
友達との関わりで集団の良さを伝えて

少しずつ友達と遊べるよう仲立ちしましょう。様子を見ながら集団での遊びも提供していきます。「つかまえる」「逃げる」など遊びの役割に気付く場面も。

こんなときには…
ルールの伝え方が分かりません

2歳児に簡単なルールのある遊びを…と伝えてみたのですが、ルールがあることを理解できていないようです。どう説明すれば分かりやすく伝えられるのでしょうか。

手を洗う順番など生活の中で伝えるように

説明の前にルールを伝える段階なのか見極めます。遊びだけでなく、手を洗う順番など生活の中にルールはたくさんあります。そのことに気付き、楽しさを知ったうえで伝えましょう。

乳児クラスで取り入れたい！
column 遊びの環境構成アイデア

「安心してじっくり遊び込める」「○○の発達を促したい」…など、子どもが大好きな遊びに込めたねらいや目標を環境構成で実現させましょう。

自分専用の人形を用意する

一人一人が安心して生活できるよう、入園したときからずっと一緒の人形たち。その存在にホッとでき、やがて遊びに使うようにもなります。

家族写真を使ったおもちゃ

いつでも見られるよう園内に家族の写真を用意。午睡前やふとした時間に、家庭を思い出して泣いた子どもがそっと見にいって安心する場面も。

積極的に○○したくなる環境

歩き始めた子どもが、いろいろな感触を足から楽しめるよう、土やタイル、チップなど異素材を地面に並べます。意欲的にどんどん歩きたくなる工夫です。

戸外でもじっくり遊べる環境

自然に親しめるように用意した庭や砂場。乳児が思う存分探索できるよう、一部を乳児専用にすると安心して遊べます。

清潔につながる片付けの工夫を

外遊びやごっこ遊びの小道具などは整理整頓を徹底します。同じ形、色にそろえる、小分けにするなどして片付いた状態が気持ちいいと思えるように。

落ち着いて一人になれる場所

友達との関わりが楽しく感じられる時期でも、一人で遊び込める空間は大切。友達のいる場所と自由に行き来できるようにしましょう。

Lesson 5
保護者と積極的に関わろう

「保護者と積極的に関わろう」その前に

"子どもの幸せ"につながる保護者との関わりとは?

保護者を理解し、寄り添うこと

「早期教育をしなくては」「人と同じことができているか」など、保護者は自分の子育てに不安を抱えています。その気持ちに寄り添い、子どもの最善の利益を守るために、育ちに必要な"正しい情報"を、保護者や社会に向けて発信しましょう。保育者は子どもの発達、思いを理解できるプロ。だからこそ言えることがあるはずです。

保護者と向き合うために

目的
- 子どもにとってより良い育ちを共に考えていく
- 親子の絆を育む

保育者 → 保護者

保育者の姿勢
- □ 保育のプロ!として自信を持とう
- □ 保護者への尊敬の気持ちをもとう
- □ 子育ての大変さに共感しよう
- □ 親しみやすい存在を目指そう
- □ 保護者の子どもへの愛情の深さを忘れずに
- □ 保護者自身の幸せを願おう

そのためには…
- 保護者の不安や心配を理解、子育ての協力者になる
- 子どもの成長を伝え、喜び合う
- 子どもの健やかな成長のため、正しい情報を提供する
- 保護者が子育てについて考え、気付ける機会をつくる

Lesson 5 保護者と積極的に関わろう

信頼関係をしっかり築こう

保護者と関わるときに最も大切なのは、なんといっても信頼関係。信頼関係を築くには、常に子どもの良いところを捉え、子どもの様子を心身の発達と結び付けて保護者に伝えていくことがポイント。日頃の保育のエピソードから具体的に話していきます。保護者の「先生はうちの子をよく見てくれている」の思いが信頼へつながります。

子ども・保護者とつながる4つのSTEP

- STEP 1: 保育を楽しみ一人一人の子どもと向き合う / どんな子どもの姿もポジティブにとらえる
- STEP 2: 子どもの姿からエピソードを見つける
- STEP 3: 見つけたエピソードを伝え共有する → 家庭での様子を聞き、さらに共有する
- STEP 4: 教えてもらったこと、子どもと保護者との出会いに感謝する

保護者としての幸せを感じてもらうために

保護者に伝えたい4つのこと

1. 子どもはかわいい、子育ては楽しい
2. 子どもにとって保護者が一番！
3. 発育、発達のために身に付けるべき生活習慣
4. 地域や周囲の人とつながる大切さ

保護者は子育ての大変さにとらわれて、子どものかわいさや子育ての喜びを感じることができないことも。保育者は保育のプロとして、その"大変なこと"が実はその子らしさ、今だけの成長の一過程なのだと伝えましょう。

コミュニケーション

ドキドキ…でも大丈夫!
積極的に会話しよう

コミュニケーションが苦手でも、保護者との会話なしには、良い保育は成り立ちません。勇気を出して、ひと声かけてみましょう。

まずは心を開いて！

「あのお母さん、ちょっと苦手」と思っても、保育者として笑顔で接するのが基本。まずは保育者が心を開かないことには前に進みません。

実践してみよう

1 力みすぎない言葉かけ
タイミングを見計らっているとチャンスを逃すかも。あまり考えずに声をかけてみて。

2 先入観は捨てよう
苦手だなと思っていると、態度に表れてしまいます。基本、保護者はみな"いい人"です。

3 ポジティブ思考で
自分から明るく接すること、良い関係を築こう、もっと知りたいと思うことが良い結果に。

Lesson 5 保護者と積極的に関わろう

話題のネタは子どもが一番！

園ですから話題はやはり子どものこと。日常の何気ない一言、育ちで気付いたことなど、保育でのエピソードを交えて良いところを伝えていきましょう。いろいろな話をすることで、子どもの成長を共に喜ぶ者としての意識がめばえます。

CHECK! 話すときに気をつけたいポイント

あいさつや日常の会話は笑顔で、相談やクレームなど内容によっては真剣に聞くことを心がけて。保護者に対しては敬語をつかい、忙しい時間帯は避けるなど様子を見ながら話をするタイミングにも注意しましょう。

☑ **表情と態度**
あいさつや会話は笑顔、相談のような込み入った話は真剣な表情で、相手のほうを向いて。

☑ **声**
あいさつは元気な声、普通の会話は中くらいの声、など時と場合によって使い分けます。

☑ **敬語、言葉づかい**
保護者へはもちろん敬語。友達のようなくだけた言葉づかい、流行り言葉は使わずに。

☑ **タイミング**
保護者も保育者も忙しい合間をぬっての会話です。伝達事項ははっきり、要点を絞って。

こんなときには…

親しくなるってどの程度？どういうこと？

保護者と親しくなると、どのようなメリットがあるのでしょうか。また、なぜ親しくなったほうが良いのですか。

気軽に声をかけられる関係に

子どもの何気ない様子を保育者が良いところとして伝え、保護者も家庭での様子を話すことは、互いに子どもを理解するうえで大切なこと。いろいろな話を気軽にできる間柄を目指しましょう。

コミュニケーション

こうすればうまくいく！
コミュニケーション術を知ろう

園では毎日いろいろなことが起こります。そのつど柔軟に対応していくために、まずは相手の気持ちを理解し、受け止めることが大切です。

誠実な態度で毎日の積み重ねを

いつも変わらない笑顔、話をきちんと聞いてくれる人が信頼される保育者です。常に受け入れる気持ちをもち、忙しくても話しかけられたときは聞く姿勢を。「先生に話を聞いてもらった」という経験を積み重ねていきましょう。

CHECK! 会話が弾む話題を知ると便利

あいさつ以外にも、ちょっとした話ができるといいですね。朝のわずかな時間にコミュニケーションをとりたいときは、相手が返事に困らないテーマがオススメです。

☑ **天気**
相手を選ばずできる話題です。寒さ、暑さ、季節の移り変わり、園の行事にからめても。

☑ **地域**
園の周辺の自然の変化、行事のことなど、地元ならではの話題は結構あるものです。

☑ **子どもの流行**
園や家庭で流行っている遊び、好きなキャラクターなどは話しやすい話題です。

☑ **芸能・スポーツ**
オリンピックのような誰もが知っていて共感しやすい話題、大きなニュースなどでも。

プラスα ポジティブな声かけで気分UP!

「頑張っていましたよ」「楽しそうでした」など、子どもの元気な様子を伝えると、保護者の気持ちがパッと明るくなります。どんどんポジティブな言葉をかけましょう。

こんなときには…
なかなか話をしてくれません

保護者とコミュニケーションがうまくとれません。私も緊張してしまう性格で、話しかけるタイミングがつかめず、困っています。気軽に話をしている先輩がうらやましいです。

こまめなやりとりの積み重ねから始めて

話しかけられるのを待っているのではなく、保育者が率先して話しかけましょう。まずは笑顔で、子どもの良いところを話題に。にこやかな保育者は子どもも保護者も安心感を抱きます。

コミュニケーション

子どもと保護者とつながる幸せ
人と人とをつないでいこう

人として豊かに幸せに生きていくためには、人とつながっていることが必要です。つながりの大切さを考えていきましょう。

人とつながる大切さを伝えよう

保育者は子どもの最善の利益を守らなければなりませんが、それは一人ではできません。保護者はもちろん、地域の人たち、園に関連している人たち、行政の力など、実は大きな社会とつながっているのです。そのことを意識し、子どもと関わりましょう。

Lesson 5 保護者と積極的に関わろう

① 子どもと保護者

子どもにとっては何があろうと保護者が一番。しかし、保護者に子どもの思いが通じていない場合もあります。保育者は子どもの気持ちの代弁者になり保護者に思いを届けましょう。

② 保護者と保護者

保護者の中には引っ込み思案な方もいます。孤立しないように、園には保護者同士をつなげる役割もあります。送迎の時間、保護者会、園行事などは、保護者同士をつなぐ良い機会です。

③ 保護者と地域

地域とのつながりの大切さを保護者会や園行事を通じて伝えたり、取り組みに参加したりする機会をつくると良いです。地域で暮らしていくために知っておきたい情報が見つかるかも。

こんなときには…
情報に振り回されすぎで…

インターネットやSNSなどにより、たくさんの情報が氾濫しています。スマホを見てばかりいて、情報に一喜一憂している保護者にはどうすれば…？

先輩保育者より
正しい情報を説明しよう

インターネットの情報がすべて正しいとは限らず、真偽も判断しかねます。保育者は子育てに関する正確な知識を身に付け、子どもの育ちを信じることの大切さを伝えましょう。

すみませんお話できないんです

センセ〜
○○さんって…

こんなときには…
個人情報を聞いてきます…

他の子どものプライバシーに関わることを聞いてきたり、メールアドレスを教えてほしいと言ってきたりする保護者がいます。どのように対応すれば良いのでしょうか。

先輩保育者より
言わなくて良いことはきっぱり断ろう

保育者には、個人情報や子どもに関する個人的な内容は外部にもらしてはいけない義務があります。園全体の信頼にも関わることなので、「くわしくお話できません」とはっきり断りましょう。

掲示・連絡帳

全体への連絡にひと工夫！

読まれる掲示をめざそう

掲示は保護者に伝えたい情報や、子どもたちの様子を伝えるための連絡手段です。分かりやすく、読みたくなる工夫をしましょう。

見ようという気にさせる掲示を！

　園の情報はもちろん、地域に関する情報提供も交え、見やすく整理された掲示板をつくりましょう。写真やイラストを使って、目に留まるようレイアウトも工夫して。また、日にちが過ぎて古くなった情報はすぐに外しましょう。

じっくり読ませる充実の園だより

　園だよりやクラスだよりなど一人一人に配るおたよりは、保護者が家でゆっくりと読むもの。日頃の保育内容を伝えるだけでなく、子どもの姿や成長が分かるような内容、給食室と連携した「人気のおやつの作り方」など、ちょっとした情報を盛り込んで充実した内容を目指しましょう。

保護者も巻き込んで情報発信を

　園からの情報だけでなく、保護者からの情報も入れていくと共感できる掲示物になります。子ども連れで行って楽しかった場所、苦手克服メニュー、お手伝いレポートなど保護者からの情報を募って作成してみましょう。保護者同士がつながるきっかけにも。

こんなときには…

連絡ミスをしてしまいました

　行事についての連絡を保護者全員に配ったと思っていたのですが、一人だけもれていました。そのせいでその子どもが忘れものをしてしまったのです。どう謝れば良いでしょうか。

言い訳せずにしっかり謝ります

　配布物には「渡した」「もらっていない」が起こりがち。でも、どんなときでもきちんと謝ることを忘れずに。1枚1枚に名前を書いて渡すなど、次に起こらないための改善策を考えます。

Lesson 5　保護者と積極的に関わろう

掲示・連絡帳

書き方・伝え方で印象がガラリ！

個別の連絡はよりていねいに

連絡帳は、園と家庭での子どもの様子を情報交換し、成長や健康を把握する大切なツールです。一人一人へていねいに、具体的に書きましょう。

連絡帳を上手に活用しよう

連絡帳にはその日の子どもの様子を具体的に書くのが基本。前向きに捉え、保護者の子育てに役立つような情報も入れていくと良いでしょう。

書き方のPOINT

① 子どもの様子は必ず
遊びの内容、食事の様子、友達との関わりなど、保護者が一番知りたいことを。

② 文章は分かりやすく
誰が、何をしたのか、どのような様子だったのか、主語と述語を対応して簡潔に。

③ どの子も同じ分量に
どの子どもの連絡帳でも、一定の文章量、偏りのない内容で書きましょう。

Lesson 5 保護者と積極的に関わろう

CHECK! やりとりするうえでの配慮が大切

誤解されるような表現や、批判的な内容は書かないこと。書く前に内容を整理しましょう。連絡帳が元で誤解されたりトラブルになったりしたときは、保育者の表現が不適切でなかったか見直します。

☑ **誤字脱字**
よく使う用語、間違えやすい漢字は、自分のメモやノートに書き留めておきます。

☑ **誤解を招く内容**
伝えたいことが正確に伝わるように、的確な表現、分かりやすい文章を心がけましょう。

☑ **質問への返事**
保護者からの質問にはきちんと答えます。相談の内容次第では、直接伝える配慮も。

☑ **置き忘れ・渡し間違い**
子どもの発達や家庭での様子など情報がつまった連絡帳は、管理に十分気を付けて。

急なお迎えの前に一本予告電話を

突然の発熱など、仕事中の保護者に電話で連絡をする場合、いきなりお迎えのお願いではなく、「様子がおかしいな」と気付いた時点で一本連絡を入れておくのも配慮のひとつ。保護者は仕事の段取りなど早めに調整にとりかかれます。

こんなときには…
子どもがけがをしました

園庭で遊んでいて、転んでけがをしてしまいました。そのような場合は保護者に電話ですぐに伝えたほうが良いのでしょうか。連絡帳に書いて伝えても良いでしょうか。

詳しい報告は直接伝えて

けがの程度によるので、すぐに電話するかどうかは園長や主任に相談して判断しましょう。すり傷程度であっても、迎えの際には保育者が直接保護者に経緯などを伝え、翌日もフォローを忘れずに。

面談・懇談会

じっくり話せるチャンスを生かして

準備を整えて面談に臨もう

保護者は忙しい合間をぬって参加します。当日、限られた時間を無駄にすることのないよう、準備はきちんとしておきましょう。

Lesson 5 保護者と積極的に関わろう

事前の準備をしっかり！

当日話す内容、配布物などをまとめます。家庭での様子について聞くときは、家庭環境にも配慮を。園での様子→良い点→気になる点の順に話します。

個人面談

- ☑ 事前に内容をまとめる
- ☑ 家庭環境を確認する
- ☑ 園での様子をまとめる
- ☑ 話す順番を整理する
（最後に家庭での様子を聞く流れに）

懇談会・保護者会

- ☑ クラス担任や上司と進め方を相談する
- ☑ 当日の進行内容をまとめる（時間配分の確認）
- ☑ プリント作成（名前や誤字の確認）
- ☑ 保護者への参加の声かけをする

こんなときには…

子育ての悩みを相談され…

私には答えられそうにもない相談を受けました。せっかくの相談ですし、担任なので答えなくてはと思うのですが、どうしたら良いのでしょうか。

どうしていいか分からなくて…

信頼関係ができつつある証拠

信頼されていることが嬉しい反面、答えに悩みますね。まずは相手の話を真剣に聞き、共感することが基本。聞いてもらっただけで満足する場合もあります。答えを要する悩みは、上司に相談して後日返事をします。

プラスα

事後のフォローで満足度アップ

懇談会の様子は、あらかじめ保護者に了承を得たうえで、写真をクラスに掲示したり、クラスだよりに載せたりして報告します。参加できなかった保護者への報告とともに、次は参加しようと思ってもらうきっかけにもなります。

もうまとめてくれたんだ！

次は絶対行こう！

発言内容もちゃんと載ってる！

こんなときには… CASE 7

登園時、子どもが泣いて困っている保護者には…

朝、別れ際に子どもに泣かれることほど、保護者にとってつらいことはありません。子どもの気持ちを受け止めながら、保護者を送り出しましょう。

✅ **子どもの気持ちを受け止めて**

子どものほうをしっかりと向いて、「ママが行っちゃうのがさびしいのね」と、子どもの思いをくみとりましょう。朝はバタバタとして慌ただしいですが、だからこそ、ていねいな対応を心がけます。

✅ **保護者に対して笑顔で対応**

子どもにとっては保護者が一番です。「ママと離れるのがさびしいんですね。ママが大好きなんですね」と子どもの気持ちを代弁し、保護者に伝えます。

✅ **子どもに声かけしてもらおう**

保護者に「迎えにくるからね」と言ってもらうと、子どもはさびしいながらも「分かった。それまで頑張る」という覚悟がめばえます。そっと行ってしまうよりきちんと別れてもらうようにしましょう。

✅ **笑顔で見送ることが大切**

最後は保護者にギュッと抱きしめてもらう、決まった場所でバイバイするなど、子どもが気持ちを切り替えられるように援助します。離れたくない思いを尊重しながら笑顔で見送りましょう。

☠ **こんなこと言ってない？** 子ども編

> 早くママとバイバイして！

子どもの気持ちを急かすような言葉かけは逆効果。思いを受け止めてもらえないと感じて、ますますかたくなになってしまいます。「お迎えにきてくれるまで、先生と待っていようね」と離れることを納得させましょう。

けがをさせてしまった子どもの保護者には…

保護者は「どうしてけがをしたのか」「けがをさせたのか」が知りたいのです。事実をしっかり把握し、説明しましょう。きちんとした対応が信頼につながります。

Lesson 5 保護者と積極的に関わろう

☑ けがになった状況や原因を考えよう

どうしてケンカが起き、けがに至ったのかを把握することが大切です。普段の様子との比較や保護者への説明、今後同じことが起きないようにするための材料にもなります。

☑ 周りへの配慮を忘れずに

誰がどこで聞いているか分かりません。できれば、人が行き交う保育室の入り口で立ち話などではなく、別室にて話すようにしましょう。

☑ 保育中のけがは園の責任！

どんな状況であっても保育中に起こったことは園の責任。「止められなくて申し訳ありませんでした」の気持ちで保護者に対応するのが基本です。

※被害者側には経緯を伝え、加害者側には何も伝えないなど、園によって対応も様々です。園の方針に従いましょう。

☑ ネガティブな姿ではなく子どもの気持ちになって

ひっかいてしまった子どもの心に、ストレスになっているものがないか、家庭の状況が影響していないか探ります。子どもなりの理由が見つかるかもしれません。

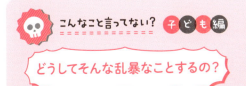

こんなこと言ってない？ 子ども編

どうしてそんな乱暴なことするの？

疑問形で叱られても、子どもの心には何も届きません。「〇〇したかったんだね、そういうときは、〇〇するといいよ」と、子どもの気持ちを受け止めつつ、どうすればいいのかを伝えると分かりやすいでしょう。

こんなときには… CASE 3 　生活習慣　食事

偏食や少食を心配する保護者には…

好き嫌いなく、何でも食べて十分な栄養をとってほしいとは思うものの、スムーズにいかないことも。楽しく食べることを優先し、柔軟に対応しましょう。

✅ 無理な強制は逆効果！

食べられないのに「残さないで食べなさい」「もっと食べなさい」と強制しても、食べられるようにはなりません。子どもなりに食べたくない理由があるはず。理由を探り、気持ちに共感して。

✅ 少ない量でまずは対応

食が細い子どもの場合は、最初から少ない量を盛りつけ、食べきれた達成感を味わえるようにしましょう。「食べきれた」という満足感が、「もっと食べたい」という意欲に変わります。

✅ 保護者の悩みも受け止めつつアドバイス

食べても食べなくても、食に関する悩みは尽きません。一方的にアドバイスをするのではなく、まずは「○○のことが心配なのですね」と不安を受け止めることが大切です。アドバイスはその次に。

✅ 園内の指導ばかりでなく家庭の支援も

嫌いなものを食べるときの声かけや、メニューの工夫など、園は家庭より様々な工夫をしているはず。給食だよりなどを使って、園で取り組んでいることを保護者にも知らせ、家庭支援を。

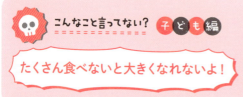

こんなこと言ってない？ 子ども編
たくさん食べないと大きくなれないよ！

脅しの言葉は絶対にNG。好き嫌いや少食が「悪いこと」として刻まれ、ますます食べられなくなってしまいます。食べられたものに目を向けてほめ、少なく盛って食べられた経験を積むなど、捉え方を変えてみましょう。

こんなときには… CASE 4　生活習慣｜排泄

トイレトレーニングを園任せにする保護者には…

保護者の気持ちも受け止めながら、オムツが取れることは子どもにとって嬉しいこと、外すタイミングが大切であることなどを伝えていきましょう。

Lesson 5 保護者と積極的に関わろう

☑ 大人の便利さを優先させている

そもそもオムツは子どものためのものではなく、大人が困らないようにするための便利アイテムにすぎません。オムツは赤ちゃんの象徴。オムツが外れれば子どもは誇らしさを感じます。

☑ 保育のプロとしてタイミングをはかる

排尿間隔、トイレへの興味、言葉の発達など、オムツを外すには心身の成長のタイミングやきっかけがあります。保育者はそれを見極めるプロ。家庭の意向を聞いたうえで、始めどきの相談を行います。

☑ やる気を起こすきっかけづくり

「夏は薄着なので、もらしたとしても後始末がラク」「お泊まり会までには」などやってみようかなと思えるようなタイミングや、目標があると取り組みやすいもの。保育者側から提案してみましょう。

☑ 家庭との連携が必要不可欠

排泄の自立は子どもにとって大きな成長の節目。園でも家庭でも同じように取り組むことが理想です。困っていること、不安なことは相談にのり、園と家庭が連携して行うことで子どもも安心するでしょう。

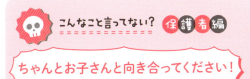

こんなこと言ってない？ 保護者編
ちゃんとお子さんと向き合ってください！

子どもは衣食住はもちろん、言葉をかけられ、関わりながらスキンシップをし、大事にされていることを実感してこそ育っていきます。トイレトレーニングは、園と家庭との双方で連携していけるように伝えましょう。

こんなときには… CASE 5　生活習慣：睡眠
夜型で生活リズムが乱れている保護者には…

規則正しい生活を送ることが、乳幼児期には特に重要です。基本的な生活リズムをつくるにはどうすれば良いか、共に考えましょう。

✓ 小さなことでも変化を気にして

睡眠時間が十分なら午前中はしっかり遊べるはず。あくびを繰り返す、じっとしていると眠ってしまうなどは睡眠不足かもしれません。

✓ 睡眠の大切さを理解してもらう工夫を

早寝早起きの大切さを理解してもらうには、園だよりや掲示などを利用して、科学的根拠を挙げながら知らせていきましょう。その土台をつくったうえで個別に指導すると、受け入れやすいでしょう。

✓ 家庭の事情も考慮しつつ子どもの健康を第一に

就寝時間と起床時間を確認します。保護者にも事情があることを考慮し、登園後に眠いようなら寝かすなどの対策も。子どもの最善の利益のために、保育者ができることは何かを考えましょう。

✓ 保護者の頑張りを認めよう

就寝時間が遅い習慣の家庭では、それを早めるのは相当な努力が必要です。10分、15分でも早く寝ることができたら「昨日より早いですね」と頑張りを認めましょう。保護者のやる気を大切に。

☠ **こんなこと言ってない？** 保護者編

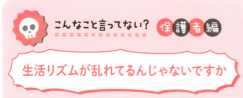

「生活リズムが乱れてるんじゃないですか」

非難されたら、保護者は自分を否定されたと感じ、受け入れる気持ちになれません。生活リズムが子どもにどう大事なのかを知らせ、そのために大人も努力する必要があることを伝えましょう。

こんなときには… CASE 6

保育内容に注文が多い保護者には…

子どもに期待をするあまり、あれもこれも教えてもらいたい、やらせたいと願う保護者。園の方針やできること、できないことをていねいに、やわらかく伝えましょう。

Lesson 5 保護者と積極的に関わろう

☑ 要望は受け止めつつ きちんとお願いする

無理な要望であっても、「そのようにお考えなのですね」と受け止める姿勢は必要です。それから説明に入りましょう。

☑ 乳幼児期の発達に 必要なことを説明する

子どもの運動能力や知能を育てるためには、何かを教え込むのではなく、遊びながら主体的に取り組むことが大切です。日頃の保育が子どもの何を育てているのか説明し、保護者の不安を解消しましょう。

☑ 保護者の行動を認めよう

子どもへの期待が大きく、教育熱心な保護者は、それだけ子どものことを考えています。その思いは受け止めることが大切です。ただし、その期待に応えようとするあまり、子どもが負担に感じていないかなど見極めるのも保育者の役割です。

☑ 日頃の生活の中で 成長したことを伝える

園の生活が子どもにとってどれほど大切で、どのような意味があるのか、子どもの中に何が育っているのか、自信をもって保護者に説明しましょう。それを語ることが保育者の専門性です。

こんなこと言ってない？ 保護者編

無理やりやらせてもかわいそうでは…

子どもの思いを代弁するには、「〇〇ちゃん、お母さんのことが大好きで、習い事もとっても頑張っていますよ。たくさんほめてあげてください」と子どもの頑張りを認める言葉を伝えます。

いつも持ち物やお願いを忘れる保護者には…

忘れ物をすることによって、困るのは子どもです。保護者に確実に伝え、持ってきてもらうためにはどうすればいいか、様々な工夫で対応しましょう。

☑ 子どもの悲しい気持ちを受け止める

みんなが持っているのに、自分だけない。こんなに悲しく心細いことはありません。子どもには「持っていないと〇〇できなくて残念だね。先生が〇〇してあげるから安心して」と受け止め、代案を。

☑ 問い詰めても解決にはならない

保護者に忘れ物のことを伝える際、責めるような口調にならないように注意して。「気付いたときは悲しそうだったのですが、園の〇〇を使ったので、大丈夫です」と園の対応を報告します。

☑ 活動内容を説明して協力を求めよう

保育活動の意味や必要性を理解してもらううえでも、保護者の協力は欠かせません。忘れてしまったときは対応するしかありませんが、まずは忘れないようにあの手この手の対策を練っておきましょう。

☑ 保育者も掲示などで忘れ物への工夫を

余裕のある時期に、プリントや掲示などで知らせ、「配りました」「掲示しました」と連絡帳に書いたり直接伝えたりし、前日にも念押しを。特に忘れっぽい保護者には、直前のひと言を忘れずに。

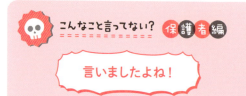

保育者の正当性を訴えても保護者はムッとするだけ。忘れ物をした結果、子どもがどうなったのか事実を伝えますが、決して責めないで。保護者も反省しているはずです。それより忘れないための対策を考えることが大切です。

こんなときには… CASE 8

何でもやってあげる保護者には…

子どもをかわいがるのは微笑ましいことですが、自分でできることまで大人がやってしまうのは考えもの。大切なことはなにか、伝えていきましょう。

Lesson 5 保護者と積極的に関わろう

☑ 園での頑張りが降園時に疲れとなる場合も

日中、保護者と離れて精一杯頑張っている子どもたち。降園時は疲れや甘えが出ることもありますし、忙しい保護者は自分でやったほうが早いという思いもあるでしょう。ある程度は大目に見て。

☑ できたらほめて意欲を伸ばそう

自分でできた姿を認め、ほめて、「自分でできて嬉しい。もっとやろう」という意欲を伸ばす援助を心がけましょう。まずは子ども自身が「自分でやりたい」と思えるようになることが大切です。

☑ 家で甘えられることが園での頑張りに

子どもが園で身の回りのことを頑張れるのは、保護者が家で子どもの思いを十分に満たしているおかげでもあります。また、家でできなくても園でできていると思えば保護者もひと安心です。

☑ 家庭での対応の大切さを伝える

「一人でできたらほめてあげてくださいね」「おうちでもできたんですね」と家庭での対応の大切さを伝えましょう。子どもが自分からするようになれば、保護者も自然と手を出さなくなります。

 こんなこと言ってない？

Aちゃん、赤ちゃんみたい。甘えすぎじゃない？

ストレートに言ってしまうと、保護者を否定することにもなり、保育者に不信感を抱いてしまいます。ここはぐっと言葉を飲み込んで、日頃の保育の中で、子どもが自信をもってできるように援助していきましょう。

こんなときには…

自分の子どもの話しか信じない保護者には…

「うちの子はこう言っている」と譲らない保護者もいます。保育者は普段から保護者とコミュニケーションを図り、園での様子を伝えていきましょう。

☑ 電話でのクレームは適切な対処を

電話を受けた人は落ち着いて、保護者の話をよく聞きましょう。「それは○○ではないでしょうか」など個人的な意見は言わないようにします。メモをとり、確認しながら受け、切ってから上司へ報告します。

☑ トラブルやケンカから学ぶことも多い

成長には子ども同士の関わりが必要であり、保育者が見守っていてもトラブルは起きますし、小さなけがは避けられません。そこからの学びも大切なことや、その際の園の対応を伝えていきましょう。

☑ 感情的にならず冷静に話を聞こう

感情や気分に振り回されないように、時間を特別に設けるなど、園としての対応を考えましょう。特に精神疾患を抱えている保護者の場合、担任一人で対応するのではなく、園全体で対策を考える必要があります。

☑ 園での様子を伝えよう

日頃から、友達同士の関わりを知ってもらうことも大切です。積極的に伝えるようにすることで、保育者への信頼感や他の子どもへの理解が深まっていきます。コミュニケーションを大切に。

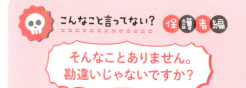

感情的になっている相手の話を否定することは、最もNGなパターンです。「そうですか。○○なのですね」と相手の話を確認しながら、ひたすら受け止めましょう。ただ話を聞くだけでも落ち着くものです。

こんなときには… CASE 10

子どもに無関心な保護者には…

仕事も家事も育児もと、保護者は時間に追われて大変です。その思いに共感しつつ、子どもの思いに関心をもってもらえるように保育者からも働きかけましょう。

Lesson 5 保護者と積極的に関わろう

✓ 苦言は抑えて

保護者の態度が、首をかしげたくなるようなものだったとしても、指摘するのではなく、「お母さん、疲れているのかな」と、なぜそういう態度なのか考えてみましょう。変化に気付くためにも日頃からあいさつ&言葉かけを。

✓ 直接少しずつ(朝夕)声をかけよう

連絡帳を通じて問いかけても、読んでくれない場合も。「お母さん、忙しそうですね。おうちではどうですか」など、直接声をかけることを大切に。誰かに話したい、聞いてほしいと思っているかもしれません。

✓ 保護者の状況も聞いて共感する

「忙しいときに言われるとイライラしちゃうこともありますよね」などと共感し、「でも〇〇ちゃん、いつも元気ですね」とプラスの言葉で保護者をリラックスさせて。

✓ 子どもの気持ちを代弁して

「〇〇ちゃん、お母さんのこと大好きで、この間も……」と、子どもの思いを伝えても良いでしょう。子どもからの一途な思いに気付くきっかけに。

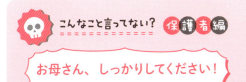

こんなこと言ってない? 保護者編

お母さん、しっかりしてください!

励ましのつもりかもしれませんが、言われたほうはもっとしっかりしなければと、プレッシャーを感じることも。保育者は保護者の子育ての頑張りを認め、自信をもてるような言葉かけをすることが必要です。

クレームを言ってくる保護者には…

クレーム対応は気が重いかもしれませんが、保育者とは異なる視点での意見に、ハッとさせられることも。園をさらによくするきっかけと受け取りましょう。

☑ クレームは園への要望ととらえて

「文句を言われた」と思うと嫌な気分になりますが、保護者の意見、要望として「そういう捉え方もあるのか」と前向きな気持ちで受け止めましょう。

☑ 反論は×。言い分をしっかり聞こう

「それはないと思います」など反論はNG。保護者の意見をしっかりと聞きましょう。聞き間違いがないよう、大切なことは必ずメモを取りながら。

☑ 場所を変え、なるべく一人で聞かない

応接室など落ち着ける場所のほうが、ヒートアップを抑えられるかもしれません。できれば、同じクラスの担任や上司にも同席してもらうと良いでしょう。

☑ 適切な対処法を伝えよう

すぐに対応できることであれば、その場で対応します。時間を要すること、上司の判断が必要な内容の場合は、「○○までにお返事します」と約束して。

☑ 職員同士で意思統一を

同じことを繰り返さないためにも、クレーム内容やその後の対応は職員間で情報を共有しましょう。

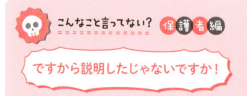

こんなこと言ってない？ 保護者編

ですから説明したじゃないですか！

クレーム対応の基本は、相手の意見をとことん聞くこと。すでに説明したことだったとしてもぐっとこらえ、「そうですね」と受け止めます。真剣に聞く姿勢を見せることで、相手の気持ちも落ち着きます。

こんなときには… CASE 12
集団になって意見を言ってくる保護者には…

一人では言いにくいことも、仲間がいれば言いやすいものです。しかし、できること、できないことがあります。個人でも集団でも同じ対応を心がけて。

☑ きちんとした態度で言い分を受け止めよう

一人でも集団でもまずは相手の言い分をしっかり聞いて、受け止めることが大切です。対応できる、できないはそれから判断します。同じクラスの担任や上司へも相談して。

☑ 他の保護者への影響も考えて

「私が言ったときはだめと言われたのに」「詰め寄られ、押し切られている」ということでは信用問題に関わります。できる、できないの基準ははっきりと示し、人数に関わらず同じ対応するのが基本。

☑ 個人的に話し合う機会を設けよう

話がこじれそうなとき、いろいろな意見が飛び交うときなどは、個人的に話し合う機会をもうけ、落ち着いたところで意見を聞きましょう。互いにヒートアップせずに話すことができます。

☑ 職員全体での判断を

「確かにその通り」ということもあれば「それは無茶」ということもあります。大勢で言われたからと押し切られるのではなく、職員全体で話し合い、客観的に判断することが大切です。

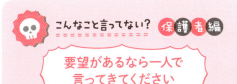

こんなこと言ってない？ 保護者編
要望があるなら一人で言ってきてください

そう言いたいのはやまやまですが、ケンカになってしまいます。感情的にならず、直に意見を聞きましょう。大勢が同じ意見をもっているのであれば、もしかしたら本当に深刻な問題が潜んでいるのかもしれません。

こんなときには… CASE 73

やりとりが難しい外国人の保護者には…

最近はさまざまな国の親子が入園してくるようになりました。それに伴って言葉の問題、生活習慣の問題も浮上しています。相手を受け入れ、理解する努力が大切です。

☑ 頭ごなしに言わず まずは歩み寄ることから

日本人には理解しがたいことも、相手の国では一般的なのかも。自分の中の「当たり前」を外して歩み寄りを。「どうせ通じないのだから」とあきらめてコミュニケーションをとらないのは最悪です。

☑ 話し合う機会をつくる

一言伝えて、返事をしてもらう、といった簡単なやりとりで済めば良いですが、園と保護者とは密に長く付き合っていく間柄。お互いが納得してより良いコミュニケーションの方法が見付けられるよう話し合う機会をとることも大切です。

☑ あいさつ・表情はより明るく

異国の園で不安を抱え、戸惑いも多いはず。保育者は「できる限り相談に乗りますよ」と一段と明るい笑顔であいさつし、積極的に関わりましょう。ウェルカムの気持ちを大切に。

☑ 口頭以外にも メモや掲示で工夫する

伝えたい情報は、おたよりや掲示板も利用して。振り仮名があれば読める、ローマ字なら読める場合もあります。さまざまなアプローチを試みましょう。

こんなこと言ってない？ 保護者編

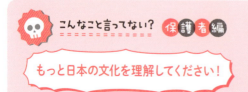

もっと日本の文化を理解してください！

相手に「こうしてほしい」と変化を求めるのではなく、保育者側がまずは努力を。ローマ字の筆談をする、簡単な英語で伝える、その国の文化を理解するなど、より良いコミュニケーション方法を探って。

育児放棄の可能性がある保護者には…

こんなときには… CASE 14

育児放棄による悲しいニュースが後を絶ちません。繰り返さないためにも、保育者は子どもとの信頼関係を築き、様子をよく見て変化をキャッチしましょう。

Lesson 5 保護者と積極的に関わろう

☑ 子どもの様子をしっかりと見る

毎日同じ服を着てくる、お風呂に入っていないようだ、いつも空腹などは、育児放棄の可能性があります。表情が暗いなど精神面の変化も見逃さないで。

☑ 早めの対応が大切

同じクラスの担任にも子どもの様子を見てもらい、上司に相談を。子どもからは「家で食べさせてもらえない」とは言えないので、早めの対応が肝心です。

☑ 子どもとの信頼関係をより一層強く

園にいる間は保育者に十分甘えを出すことができるように、子どもの「〜したい」を受け止め、「先生は私の気持ちを分かってくれる」と信頼できる存在に。

☑ 決して追い詰めない

「〇〇ちゃんにお家でご飯を食べさせてください」「清潔を知ることが大切な時期です」など正論で責めると、逆上した保護者が保育園に子どもを連れてこなくなる場合も。子どもの様子を毎日見守ることを最優先に考えましょう。

☑ 相談所や役所へも報告・相談する

根本的な改善策は、児童相談所や保健所などと連携して考えなければなりません。園では保護者の様子や家庭状況の把握などを職員と協力して行いましょう。

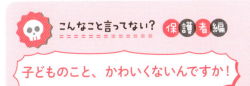

こんなこと言ってない? 保護者編

子どものこと、かわいくないんですか!

保護者自身がいろいろな悩みを抱えているのかもしれません。我が子のかわいさに気付くエピソードを伝え、「〇〇ちゃんはお母さんのことが大好き」ということが分かるようにアプローチしていきましょう。

こんな応急処置を！
園でおこりやすい けが

子どものけがは常におこるものと考え、慌てず的確に対処できるようにしておくことが大切です。

監修　みやのこどもクリニック院長　宮野孝一

すり傷・切り傷

園生活でのけがの中で、子どもにもっとも多いのがすり傷・切り傷です。化のうや破傷風を防ぐため、すぐに手当てをします。

① 傷口を流水で洗う

小さなすり傷・切り傷などで傷口が浅い場合は、流水で優しく洗い流します。石などの異物がささっているような場合は取りのぞき、洗い流してから傷の深さや大きさを確認します。

② 止血する

洗い流した水気をしっかりふき取り、傷口を清潔なガーゼで覆うように当てて、強めに押さえ止血します。血が止まらないようなときは、傷口を心臓より高い位置に保ち、5〜10分ほど圧迫し続けて止血をします。

③ 傷パッドで覆う

傷口が乾燥したり、空気に触れるのを避けるために、清潔にした傷口は、すぐに浸潤療法用の傷テープや傷パッドで覆います。ない場合は、ラップで代用してもいいでしょう。

病院へ
- 傷口が広い、深い、開いているとき
- 顔や頭をけがしたり、打撲したとき
- 出血量が多く止まらないとき
- ねんざや骨折をした様子があるとき

など

誤飲・誤食をした

異物を飲み込んでしまったときは、飲み込んだ物をすばやく確認し、すぐに病院へ行きます。

応急処置

吐かせない ➡ すぐ病院へ

何も飲ませない
- 灯油、ガソリン
- 乾電池、ボタン電池
- 画びょう、ピン、ガラス、針などのとがった物

牛乳か、なければ水だけ飲ませ、吐かせない
- 漂白剤
- 台所用洗剤
- 洗濯用洗剤
- トイレ用洗浄剤

水を飲ませて吐かせる ➡ すぐ病院へ
- 衣料用防虫剤 （牛乳は厳禁）
- ホウ酸だんご

吐かせかた

0〜1歳児
頭を下にし、肩甲骨の間をたたく

2歳児以上
後ろから抱え、みぞおちを両手で圧迫する

救急車を
- 冷や汗
- 声をかけても反応が鈍かったり、意識がないとき
- けいれんしたり、血を吐いたとき
- 呼吸困難を起こしているとき　など

頭を打った

意識がなかったりおう吐したときなどは、すぐに救急車を呼ぶ必要があります。

① はれていたら冷やす
意識があり、すぐに泣いて返事ができるようなときは、落ち着いて応急処置をします。打った部分がはれているときは、水で濡らした冷たいタオルか市販の冷却シートをはって冷やします。

② 安静に休ませる
タオルやクッションで体を支え、打ったところが下にならないように寝かせて安静にさせます。時間がたってから体調が急変することもあるので、保育者は子どもの近くで様子をみます。1～2時間は、食事や外遊びを控えるようにしましょう。

救急車を
- 意識がなく、呼吸がおかしいとき
- 打った部分が陥没しているとき
- けいれんしたり、おう吐があるとき　など

鼻血が出た

わずかな刺激でも、鼻の粘膜が傷つき出血します。短時間で止まるようなら心配いりません。

① 前かがみの姿勢にする
子どもを縦抱きして、前かがみの姿勢にします。

② 鼻をつまんで止血
5～10分ほど、小鼻を強めにつまんで止血します。まだ一人で座れない場合は抱っこをするか、鼻血が出ている方を下にして、横向きに寝かせて止血します。

③ 脱脂綿を詰めて冷やす
出血が治まってきたら、奥まで詰めすぎないように気を付けながら、鼻の穴に脱脂綿を丸めて詰めます。水で湿らせたタオルなどで冷やし、安静にさせます。

病院へ
- 頭を打った後に、鼻血が出たとき
- 10分以上の出血や、一日に何度も出るとき　など

やけどをした

場合によっては命にかかわることもあります。患部を十分に冷やすことが大切です。

① 衣服を脱がさない
無理に服を脱がすと、皮膚がくっついてむけてしまうおそれがあります。やけどをしたときは、基本的には服を着たまま冷やすようにします。

② 流水で冷やす
患部を水道やシャワーに当てるか、氷水を入れた洗面器などに入れて冷やします。広範囲の場合は濡れたタオルなどで覆い20分以上冷やし続けます。

③ 患部を保護する
衣服を脱がせ、清潔なガーゼで患部を覆い、テープか包帯で緩めに止めて病院へ行きます。衣服がくっついているときは、そのままにして受診します。

救急車を
- 体表の10％以上の広範囲にやけどをしたとき　など

打撲をした

子どもには多いけがですが、見た目では症状が分かりにくいので注意して様子をみます。

① 患部を冷やす
打撲した箇所を、氷のうや冷たい濡れタオル、市販の冷却シートなどで冷やします。0～1歳児の場合は、痛みを訴えることができないため、体を触って患部をチェックする必要があります。

② 楽な姿勢で休ませる
胸や背中、首、おなかなどを打った場合は、楽な姿勢で休ませます。衣服を緩めて寝かせるか、座った方が楽なようであれば、座らせて様子をみます。

病院へ
- ひどくはれたり、皮膚の色が変わっているとき
- 数日たっても痛がるとき
- 黒や赤い便が出るとき
- ぐったりしていたり、吐いたとき　など

知っておきたい よく見られる 病気・症状

子どもの様子がいつもと違うときは、体の不調を訴えるサインかもしれません。保育者は、日頃から子どもの変化をしっかり察知していく必要があります。園ではやり出したら、保護者へも伝え注意を促しましょう。

第二種 インフルエンザ

症状 　潜伏期間 1〜4日
- 突然の38度以上の発熱
- 高熱が3〜4日ほど続く
- 下痢やおう吐をともなうことがある
- 激しい咳、のどの痛み、頭痛、鼻水、関節の痛み、筋肉痛など

気を付ける点
ウイルスは乾燥を好むため、予防のためにも加湿器などを使って保育室の湿度を高めます。子どもの咳やくしゃみなどの飛まつで広がるため、感染が疑われる子どもがいる場合はすぐに別室に移します。症状が急激に変化した場合には、救急車を呼びましょう。

第二種 百日咳

症状 　潜伏期間 7〜10日
- くしゃみや咳
- 1〜2週間の風邪と同じような症状
- 1〜2週間が過ぎると激しく咳込む
- 咳こんだ後、息を吸うとき「ヒューヒュー」という音がある

気を付ける点
子どもが1歳未満の場合は、症状が悪化しやすく、無呼吸発作や肺炎につながることもあります。生後3か月を過ぎたら、保護者に予防接種をすすめましょう。初期に治療を受ければ、2週間ほどで特有の咳は治まりますが、咳が続くときはマスクをしてもらいます。

第二種 流行性耳下腺炎(おたふくかぜ)

症状 　潜伏期間 16〜18日
- 38度近い発熱
- 両側、または片側の耳の下(耳下腺)のはれと痛み
- 熱は3〜4日で落ち着く
- 耳や歯が痛いと訴えることがある
- 乳児〜3歳児では、症状が出ないことがある

気を付ける点
子どもがしきりに耳を触ったり、耳やあごが痛いと訴えたりする場合は注意が必要です。痛みがある場合には、はれている箇所を冷やすことで和らげることができます。髄膜炎・難聴・不妊・膵炎などの合併があるので、注意が必要です。

第二種 麻しん(はしか)

症状 　潜伏期間 8〜12日
- 38度近い発熱
- 咳、鼻水などの風邪に似た症状
- ほおの内側に出る白い斑点(コプリック斑)
- 赤く細かい発しんが全身に出る

気を付ける点
はしかは感染力が強く、高確率で感染します。また、肺炎や中耳炎などの合併症も起こしやすく、重症化しやすい病気で、とくに予防接種のできる月齢に達していない0歳児がいる場合には注意が必要です。予防接種ができる月齢に達したら、保護者に接種を強くすすめましょう。

第二種 風しん

症状 　潜伏期間 16〜18日
- 38度前後の発熱
- 目の充血や、耳の後ろのリンパ節のはれ
- 赤くかゆみをともなう発しんが、胸や顔などから全身に広がる
- 3〜5日で発しんが消える

気を付ける点
似たような発しんが出る「はしか」よりも症状は軽く済みますが、高熱も出ず、発しんの色も薄く見逃しやすいので、首のリンパ節や耳の後ろを触っているときは、風しんを疑いましょう。妊娠中の女性が感染すると胎児に悪影響を及ぼすことがあるので注意が必要です。

第二種 …発症・流行しやすい感染症。医師からの許可が出るまで登園停止

第二種 水痘（みずぼうそう）

症状　潜伏期間 14〜16日
- 37〜38度の発熱
- 赤くかゆみの強い発しんが、胴体、全身、頭部へと広がる
- 赤い発しんが水疱になる
- 水疱が赤いかさぶたになって治る

気を付ける点
かゆみのある発しんと同時に熱があるようならば、みずぼうそうの可能性があります。感染力が強いため、感染が疑われる子どもがいる場合はすぐに保護者にお迎えをお願いします。発しんをかいてしまうと化のうすることもあるので、つめは短く切るように伝えましょう。

第二種 結核

症状　潜伏期間 2年以内、特に6か月以内に多い
- 37〜38度の発熱
- 咳が2週間以上続く
- 食欲や元気がない

気を付ける点
感染した子どもの咳やくしゃみなどの飛まつで広がります。咳が2週間以上続いているような場合は保護者に受診をすすめ、クラス全員のBCGワクチン接種の有無を、あらためて確認するようにしましょう。家庭内からの感染も多いため、家族にも受診をすすめます。

第二種 咽頭結膜熱（プール熱）

症状　潜伏期間 2〜14日
- 38度以上の発熱
- 目の充血、目やにや涙、まぶたの裏の赤み
- のどのはれと痛み
- 3〜5日ほど熱が続き、1週間ほどで症状が治まる

気を付ける点
目の充血、高熱、のどを痛がるなどの症状がサインです。症状が治まった後もしばらくは感染の可能性があるので、オムツ替えの後などは、しっかり手洗いをしましょう。また、玩具やドアのノブなど、子どもたちが触れる場所は消毒し、常に清潔にします。

第二種 髄膜炎菌性髄膜炎

症状　潜伏期間 4日以内
- 発熱やおう吐
- 頭痛
- 意識障害（意識がもうろうとし、意味不明な言葉、うとうとするなど）
- 首が硬直する

気を付ける点
脊髄や脳を包んでいる膜が炎症を起こす病気です。予防ができず、診断も難しい病気のため、少しでも早く気が付き受診することが必要です。風邪と似ていますが、意識障害やけいれんをおこす、ぐったりしているなどの症状がみられるときは、すぐに救急車を呼びます。

第三種 流行性角結膜炎（はやり目）

症状　潜伏期間 2〜14日
- 目やにや涙、目の充血
- まぶたのはれ
- 発熱、下痢をともなうこともある

気を付ける点
涙やかゆみが出るため、子どもが目をこすって悪化させてしまうことがあります。一人がかかるとクラス全体に広がることもあるので、すぐに他の子どもの様子も確認しましょう。患児の触ったものは、アルコール消毒が必要です。手洗いを徹底し、タオルの共用はしないようにします。大人も感染するので注意を。

第三種 腸管出血性大腸菌感染症

症状　潜伏期間 10時間〜6日
- 激しい腹痛
- 激しいおう吐
- 激しい下痢や血便
- 脱水やけいれん

気を付ける点
食中毒の一種で、O157やその他の菌に侵された物を食べることで感染します。子どもの場合は、死亡することもあります。手洗いとともに、食品によく熱を通すことが一番の予防につながります。感染した子どもの便にも菌が含まれているので、オムツ替え後の手洗い、消毒を徹底します。

第三種　…流行の可能性がある感染症。症状により医師が感染のおそれがないと認めるまで登園停止の場合もある

第三種
伝染性紅斑（りんご病）

症状　　　　　潜伏期間 4〜14日
- 発熱してから2〜3週間後に、左右のほおに赤い発しん
- 肩や腕、足、おしりなどにも、網目状の発しんが出ることがある
- 発しんはかゆみをともなうこともある

気を付ける点
感染しても元気であれば、特別な対応は必要ありませんが、妊娠中の女性に感染すると胎児に悪影響を及ぼすことがあるので、子どもを近づけないようとくに注意が必要です。この病気は潜伏期間中に感染しますので、風邪と同様に手洗い、うがいで予防するようにしましょう。

第三種
手足口病

症状　　　　　潜伏期間 3〜6日
- 口のなか、手のひら、足の裏、おしりなどに赤い発しんや米粒大の水疱
- 発熱や下痢、おう吐をともなうこともある

気を付ける点
初夏から初秋にかけて流行しやすい病気です。1か月位でつめがはがれることもあります。合併症を引き起こす可能性もあるため、市区町村などで流行状況を確認すると良いでしょう。感染後しばらくは便にウイルスが排出されるので、オムツ替えの後は手洗いをしっかり行います。

第三種
溶連菌感染症

症状　　　　　潜伏期間 2〜5日
- 突発の39度近い発熱
- のどの痛み、はれ
- 全身に広がる、かゆみのある発しん
- 吐き気、リンパ節のはれ
- イチゴ状舌

気を付ける点
風邪の症状と似ているため気が付かない場合もあります。子どもが2日以上のどの痛みを訴えたり、発熱した場合は溶連菌を疑い、保護者に受診をすすめましょう。病院の指示の通り服薬することですぐ症状は治りますが、登園開始後も服薬を続けることが必要です。

第三種
急性細気管支炎（RSウイルス感染症）

症状　　　　　潜伏期間 4〜6日
- 咳や鼻水
- 38〜39度の発熱
- 息をするとき「ゼーゼー」という音がある
- 呼吸困難になることもある

気を付ける点
母体からの免疫が効かず予防接種もないため、6か月未満でも感染します。2歳未満の子どもはとくに重症化しやすく、肺炎や細気管支炎を起こしてしまうこともありますので注意が必要です。子どもが触れる玩具などは、こまめに水洗いし、常に清潔にするようにします。

第三種
感染性胃腸炎（ノロウイルス感染症 ロタウイルス感染症など）

症状　　　　　潜伏期間
- 突然のおう吐、下痢　　（ノロウイルス）12〜48時間
- けいれん、脳症、腸重積を合併することもある　　（ロタウイルス）1〜3日

気を付ける点
冬の時期に白っぽくすっぱいにおいがする下痢やおう吐をくり返す場合は、ノロウイルスやロタウイルスが原因の胃腸炎の可能性があります。下痢や吐物のなかにウイルスが含まれているため、他の子どもを速やかに移動させ、保育者も衛生を徹底しながら処理をします。

第三種
ヘルパンギーナ

症状　　　　　潜伏期間 3〜6日
- 突発の38〜40度近い発熱
- のどの奥に、小さな水疱ができる
- 発熱とのどの痛みは4〜5日ほどで治まる

気を付ける点
夏風邪の一つです。高熱が出て、のどの奥に白い水泡ができます。咳やくしゃみで感染しますので、子どもたちには手洗い、うがいを徹底させ予防しましょう。また、便にもウイルスが排出されますので、保育者も、オムツ替えの後には手洗いをしっかり行います。

第三種 伝染性濃痂疹（とびひ）

症状　潜伏期間 2〜10日

- 切り傷や虫刺され、湿しんの後に強いかゆみのある、うみをもったような水疱ができる
- 水疱が破れて菌が接触すると、全身に赤いただれが広がる

気を付ける点

虫さされや傷がある部分を、汚れた手などで触れることで感染します。水疱が破れ他の部分につくと広がるため、虫さされや傷は早めにケアし、つめも常に短く切っておくことで予防します。他の子どもに感染しないよう患部はガーゼで覆い、タオルの共用も避けましょう。

第三種 伝染性軟属腫（水いぼ）

症状　潜伏期間 2〜7週間

- 痛みやかゆみのないいぼが、突然できる
- おなか、ひじ、脇の下、脇腹、ひざなどに出やすい
- 1〜2年ほどで自然に治る
- まれにかゆみが出ることもある

気を付ける点

治療をしなくても数か月から1年ほどで治ります。ただし、いぼがつぶれてしまうと他の子どもに感染することもありますので、プールでの浮き輪やビート板、タオルなどの共用は避けましょう。アトピー性皮膚炎がある場合は重症化することもあるので、受診をすすめます。

第三種 アタマジラミ

症状　潜伏期間 10〜14日

- しらみが頭髪に寄生する
- 頭（とくに耳のうしろや後頭部）の激しいかゆみや不快感
- 頭皮の炎症

気を付ける点

主に、子どもどうしで頭髪が触れることで感染します。医師の指示の下で、殺虫成分入りのシャンプーやくしなどを使って家庭で駆除を行ってもらいます。園でも感染を防ぐために、まくらやシーツなどの寝具、帽子、ブラシ、タオルなどの共用は避けましょう。

肺炎

症状　潜伏期間 2〜3週間

- 38〜40度近い発熱
- 激しい咳
- 3〜4日続く、たんがからんだような「ゴホゴホ」という咳
- 下痢やおう吐をともなうこともある

気を付ける点

風邪などがこじれ、細菌やウイルスが肺まで入り込むことで起こります。「ウイルス性肺炎」、乳児に特有の「クラミジア肺炎」、0〜3歳児に多い「細菌性肺炎」などがあります。とくに「細菌性肺炎」は重症化しやすく、命にかかわることもあるので早期の治療が必要です。

クループ症候群

症状　潜伏期間 1〜7日

- 「ケンケン」「ゴーンゴーン」という甲高い咳
- のどの痛みや声のかすれ
- 呼吸困難

気を付ける点

はじめは風邪のような症状が現れ、犬の遠吠えのような甲高い咳が出ます。症状が悪化すると呼吸困難になることもありますので、苦しそうに呼吸しているときには、すぐに病院へ連れていきましょう。濡れタオルや加湿器を使って、保育室の乾燥を防ぎます。

気管支炎

症状

- 38〜39度の発熱
- 乾いた「コンコン」という咳から、たんがからんだ「ゴホゴホ」という咳へ移行する
- 一日中咳が止まらず、寝ている間も湿った咳が出る

気を付ける点

ウイルスや細菌が気管支に感染して起こります。室内が乾燥しないよう、湿度を高くして予防します。咳こんでいるときは、縦抱きにして軽く背中をたたいてあげると呼吸が楽になります。0〜2歳児までは肺炎に移行するなど重症化しやすく、とくに注意が必要です。

ぜんそく様気管支炎

症状
- ぜんそくのような「ゼーゼー」「ゼロゼロ」という呼吸音
- 風邪をひくたびたんがからむような呼吸をする
- 発熱、チアノーゼ、呼吸困難を起こすことも

気を付ける点
気管支にたんがからまり炎症を起こします。とくに0〜1歳児はたんがじょうずに出せないため、かかりやすくなります。乾燥やほこりで症状が悪化しやすいので、こまめに保育室の換気を行い、湿度も適度に保ちます。また、床も水ぶきしてほこりがたたないようにしましょう。

咽頭炎

症状
- 口蓋垂（のどちんこ）の周りの痛み
- 軽い咳と発熱
- 全身の倦怠感

気を付ける点
風邪と同じウイルスや細菌が感染して起こります。手洗い、うがいを徹底させて予防しましょう。ウイルス性の場合は安静にすることで改善しますが、細菌性の場合は服薬が必要になります。見分けが難しいため、熱がなくても咳がつらそうなときは、早めの受診をすすめます。

扁桃炎

症状
- 38〜40度近い発熱
- 扁桃が真っ赤にはれる
- つばを飲み込めないほどの激しいのどの痛み
- 細菌が原因の場合は、発熱の後にのどの奥に白いうみができる

気を付ける点
のどが真っ赤にはれ、つばを飲み込むのがつらいほど強く痛みます。風邪と同じウイルスや細菌の感染が原因で起こるので、予防には手洗い、うがいの徹底が効果的です。38〜40度近い高熱が出て、脱水症状も起こしやすいため、こまめに水分補給させることが大切です。

急性中耳炎

症状
- 激しい耳の痛みと発熱
- 耳の中にうみがたまる、耳だれが出る
- 一時的な難聴や鼓膜の充血
- ひどい痛みのために、しきりに耳を触ったり、機嫌が悪くなる

気を付ける点
風邪をひいて、細菌やウイルスを含む鼻水が鼻と耳をつなぐ管（耳管）を通り、耳に流れ込むことが原因で起こります。子どもの鼻水は片方ずつ優しくかませ、こまめに取るようにしましょう。とくに、0〜2歳児は耳管が短く、かかりやすいため注意します。

滲出性中耳炎

症状
- 耳が聞こえにくい
- 呼んでも返事をしない
- 耳鳴りがしたり、音がこもって聞こえる
- 急性中耳炎や扁桃炎からかかりやすい

気を付ける点
発熱や痛みなどの分かりやすい症状がないため、気が付きにくい病気です。耳に分泌液がたまって聞こえにくくなり、呼んでも返事をしなかったり、大声で話している様子がみられます。難聴になることもあるため、耳の異変に気が付いたときは、すぐに受診をすすめます。

副鼻腔炎

症状
- 黄緑色の粘り気のある鼻水
- ひどい鼻づまりによるいびき
- たんがからむ咳
- 頭がぼーっとし、注意力が散漫になる
- 頭痛や発熱をともなうことがある

気を付ける点
細菌やウイルスが、鼻の粘膜に感染して起こる病気です。風邪の症状と似ているため、見過ごされてしまいがちです。子どもは鼻の構造が未発達なため、風邪をひくとすぐにかかりやすいので、鼻水が出ているときはこまめにとり、鼻の通りをよくしておくことで予防します。

外耳炎

症状
- 耳を引っ張ったり、押したりするとひどく痛む
- 耳だれが出たり、耳のなかにうみがたまる
- 物をかんだり飲んだりするだけでもひどく痛む
- 微熱やかゆみが出ることもある

気を付ける点
外耳道についた傷や、耳に入った水などから細菌が感染し、湿しんや痛みが出る病気です。傷をつけないようにしたり、耳に水が入ったときはティッシュで吸い取るなどして予防します。乳児の場合は、いつもよりぐずるなどの様子があれば、耳も注意してみるようにしましょう。

熱中症

症状
- 顔が赤くなり、呼吸が荒くなる（日射病）
- ぐったりとして意識がなくなる（熱射病）
- 痛みをともなった筋肉のけいれん（熱けいれん）
- 吐き気や頭痛、めまい（熱疲労）
- 暑くても汗が出ず、くちびるがカサカサになる

気を付ける点
屋内でも起こるため、湿度の高い日は気温が低くても温度管理をします。幼い子どもは水分補給や体温調整ができないため、とくに注意が必要です。うとうとしていたり、ぐったりしているなど、様子がおかしいときはすぐに応急処置をし、症状によっては救急車を呼びます。

じんましん

症状
- 赤やピンクの、輪郭がはっきりとして盛り上がった発しん
- 強いかゆみがある
- 突然体のあちこちに出て、数分～数日で消えていく
- のどの奥や口の中に出ることもある

気を付ける点
アレルギーなど、様々な原因で突然かゆみのある発しんが現れます。かゆみがつらそうなときは、冷やしたタオルなどを当てると和らぎます。発しんが顔や首に出たときは、のどの内部がはれて呼吸困難を起こしてしまうこともあるので、すぐに病院へ連れていきます。

突発性発疹

 潜伏期間 約10日

症状
- 38度以上の発熱（生まれて初めてのことが多い）
- 顔や胸、おなかの赤い発しん（熱が下がるころに出る）

気を付ける点
6か月～1歳半くらいの乳児によくみられ、ほとんどの子どもが経験する病気です。生まれて初めての発熱が、この病気が原因で起こることも多くあります。中耳炎・熱性けいれんをおこす場合があるので注意します。病名が分かるのは熱が下がって発しんが出てからですので、熱が出た場合はまず受診することをすすめましょう。

SIDS

症状
- 何の予兆もなく、睡眠中の乳児が突然死亡する
- とくに、生後0～6か月の乳児に多いといわれている

気を付ける点
現段階で原因は分からず、防止策もありませんので、できるかぎり考えられる危険な状況をさける必要があります。昼寝の際はうつぶせ寝をさせない、保育室を温めすぎない、顔の周りに物を置かないなど配慮をし、睡眠中も同室で過ごし、5～10分おきに様子を確認します。

そけいヘルニア

症状
- 排便時や、泣いたときなどにおなかに力を入れると脱腸を起こす
- 足の付け根にピンポン玉ほどの柔らかいこぶができる

気を付ける点
1歳以下の男の子に多く起こる病気です。痛みはありませんが、早めに手術をして完治させる必要があります。手で押さえてもこぶが元に戻らなかったり、痛がる、お吐するなどの症状がある「かんとんヘルニア」になると重症化するため、急いで受診をすすめ、診断を受けてもらいましょう。

保育の現場に必要な書類について知りたい！

指導計画

「なんだか難しそう」に感じる指導計画は、保育の実践と同様に重要な書類です。なぜ必要なのかを理解して、積極的に取り組みましょう。

指導計画とは？

保育者は子ども一人一人の発達を見極め、個性や家庭環境など様々な要素を見通しながら保育することが求められます。「こうなってほしい」少し先の子どもの姿を思い浮かべて、計画を立て、保育を実践することがプロとしてのやりがいにつながるのです。子どもへの思いをこめて「指導計画」を作成しましょう。

全体的な計画から指導計画へ

全体的な計画

全体的な計画とは、在園する子どもの成長を長期的に見通した園独自の全体計画。園の理念や目標、方針などとともに、各年齢の子どもの発達過程や「養護」と「教育」の「ねらい」や「内容」が記されています。この全体的な計画をベースに、日々の保育に活かせるよう作成されるのが、指導計画です。

長期指導計画（年・期・月）

「全体的な計画」を実現するために立案する、年・期・月を単位とした指導計画。対象年齢のクラス担任全員が集まり、各年齢ごとに一つ作成します。場合によって月の計画はクラス単位で作成します。

短期指導計画（週・日）

「全体的な計画」を実現するために立案する、週・日を単位とした指導計画。同じ年齢のクラスが複数あれば、各クラスごとに作成します。

個別の指導計画

心身の発達が著しく、個人差が大きい0〜2歳児や特別に支援が必要な子どもを対象に義務付けられている、個別の指導計画。個々の発達段階を最優先して作成します。

計画を立てるために〜0歳児、1・2歳児の育ちの見極め〜

0、1、2歳児の保育は、「生命の保持及び情緒の安定」を定義とする「養護」に重点をおき、さらに幼児教育施設としての「教育」が関わることで成り立ちます。そのため、指導計画の作成は「養護」と「教育」を一体化したものととらえ、関連をもたせながら「ねらい」や「内容」を考えることが大切です。3法令の改定により加わった新たな視点を意識して、子ども一人一人の育ちを見極めましょう。

・乳児（0歳児）

「養護」をベースに、子どもを主体とした生活や遊びを充実させながら、身体的、精神的、社会的発達を促す保育の内容を3つの視点で表します。これらは、厳密に区分できるものではなく重なり合うもので、1歳児以降の「5領域」へとつながっていきます。

養護がベースとなる

・1歳以上3歳未満児

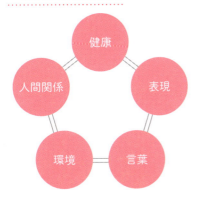

この年齢の「5領域」を指導計画の「ねらい」と「内容」にきっちり当てはめるのではなく、乳児（0歳児）の3つの視点や、この先の3歳以上児の5領域へと続くことを意識し、子ども一人一人の発達の連続性をていねいにとらえていきましょう。子どもの生活の安定を保ち、自分でしようとする気持ちを尊重するために、温かく見守り、受容的、応答的に関わることが大切です。

指導計画の書き方（月案の場合）

年間指導計画を基に、クラス（各年齢）ごとに月単位で立てます。前月末の子どもの姿を捉えながら、今月のねらいを立て、一か月の保育の展開を考えていきましょう。

前月末の子どもの姿

現在の子どもの様子を知ろう

子どもがどこまで育っているかを分かるように書くため、していたことをただ並べるだけでは意味がありません。子どもが何に興味を持っているかなど、「ねらい」の根拠となる姿を書きましょう。

ねらい

育つもの・育てたいものは何？

「ねらい」には、子どもを主語にして、子どもの中に育つもの・育てたいものを書きます。前月末の子どもの姿を踏まえながら「こう育ってほしい」という願いをあげましょう。

内容

「ねらい」に近付くために

どうすればその「ねらい」に子どもが近付くことができるかを考えます。生活と遊びの両面を見ながら、具体的に日々の生活でこんな経験をさせたい、ということをあげます。

環境構成

やりたくなるような環境を目指して

「内容」に書いたことを、子どもが経験できるように環境を整えます。ただ用意するのではなく、子どもが自分からやりたくなるような、自主性を引き出すことを意識します。

予想される子どもの姿

子どもたちの動きを考えながら

子どもが実際に活動するときの動きや状況を予測します。子どもは保育者の予想を超える行動をするもの。「万が一、こうなったら」と想定しておくと心の準備ができます。

保育者の援助

子どもたちの何に配慮するべきか

子ども一人一人が「ねらい」を達成できるよう、「内容」がより経験できるための援助を考えます。こんなときにはこうする、と様々な状況を考えておくことが援助の幅を広げます。

個別の指導計画

発達の個人差が大きい0～2歳児は、個別の指導計画を作成することが義務付けられています。子ども一人一人が主体性を持って活動できるように計画しましょう。

個人の発達の見極めと家庭との連携が不可欠

前月末の子どもの姿を基に、翌月の個人案を作成します。個性や特徴をとらえ、その子にとって最も良い環境や援助は何かを具体的に記します。そのためには、保護者との連携が不可欠。家庭での様子などを詳しく聞き、家庭生活との連続性を大切にしましょう。

子どもを理解する
・発達段階を読み取る
・気持ちを読み取る
・必要な経験は何か考える

指導計画の作成にはPDCAサイクルが大切！

園全体でPDCAサイクルを繰り返すことで、改善に向けた取り組みが共有でき、保育の質の向上へとつながります。

Plan 計画
個々の子どもとクラス全体とを見ながら、前の反省や改善点を基に計画を立てます。自主性を引き出す環境構成や援助の工夫を大切に。

Do 実践
計画に基づいて実行します。子どもの様子を見ながら、その場で判断や見直しを加えましょう。写真などに残すと振り返りに役立ちます。

Check 評価
活動後、「環境や援助が適切だったか」「子どもの興味・関心が深まったか」などを確認します。見直すことで改善点も考えます。

Action 改善
評価を基に、次の保育内容や環境構成、援助などに新たな変更を加えましょう。Plan（計画）に戻って繰り返し続けます。

監修 塩谷 香（しおや かおり）

國學院大學教育開発推進機構
教育実践総合センター特任教授

都内公立保育園園長、幼保一体化施設保育長、和泉短期大学専任講師、東京成徳大学子ども学部教授を経て現職。NPO法人ピアわらべ理事。保育学、保護者・家庭支援（子育て支援）が専門。長年にわたり現場の保育に携わり、後進の養成に関わる。主な著書・監修書に『保育がうまくいく魔法のことばがけ1』『生活習慣が身につく子どもと保護者へのことばがけ』『0～5歳児の発達と保育と環境がわかる本』（ひかりのくに）、『保育者のマナーと常識』『保育者のコミュニケーションスキル』（少年写真新聞社）がある。

Staff

本文デザイン／石出美帆（有限会社ハートウッドカンパニー）
本文イラスト／石崎伸子、坂本直子、すぎやまえみこ、
にしだちあき、ひらたともみ
本文DTP／有限会社ゼスト
撮影／矢部ひとみ
取材協力／鳩の森愛の詩保育園、
鳩の森愛の詩あすなろ保育園（神奈川県）
医療監修／宮野孝一（みやのこどもクリニック院長）
編集協力／株式会社スリーシーズン、植松まり
編集担当／梅津愛美（ナツメ出版企画株式会社）

本書に関するお問い合わせは、
書名・発行日・該当ページを明記の上、
下記のいずれかの方法にてお送りください。
電話でのお問い合わせはお受けしておりません。
・ナツメ社webサイトの問い合わせフォーム
　https://www.natsume.co.jp/contact
・FAX（03-3291-1305）
・郵送（下記、ナツメ出版企画株式会社宛て）
なお、回答までに日にちをいただく場合があります。
正誤のお問い合わせ以外の書籍内容に関する
解説・個別の相談は行っておりません。
あらかじめご了承ください。

マンガでわかる！ 0・1・2歳児担任（さいじたんにん）のお仕事（しごと）はじめてBOOK（ブック）

2017年3月6日　初版発行
2022年6月20日　第5刷発行

監修者　塩谷香（しおや かおり）	Shioya Kaori,2017
発行者　田村正隆	

発行所　株式会社ナツメ社
　　　　東京都千代田区神田神保町1-52　ナツメ社ビル1F（〒101-0051）
　　　　電話　03-3291-1257（代表）　FAX　03-3291-5761
　　　　振替　00130-1-58661
制　作　ナツメ出版企画株式会社
　　　　東京都千代田区神田神保町1-52　ナツメ社ビル3F（〒101-0051）
　　　　電話　03-3295-3921（代表）
印刷所　株式会社リーブルテック

ISBN978-4-8163-6190-6　　　　　　　　　　　　　　Printed in Japan

＜定価はカバーに表示してあります＞＜落丁・乱丁本はお取り替えいたします＞
本書の一部または全部を、著作権法で定められている範囲を超え、
ナツメ出版企画株式会社に無断で複写、複製、転載、データファイル化することを禁じます。

ナツメ社Webサイト
https://www.natsume.co.jp
書籍の最新情報（正誤情報を含む）は
ナツメ社Webサイトをご覧ください。